高校教师
心理健康发展与职业成长

李永华　著

黑龙江科学技术出版社

HEILONGJIANG SCIENCE AND TECHNOLOGY PRESS

图书在版编目（CIP）数据

高校教师心理健康发展与职业成长 / 李永华著.
哈尔滨：黑龙江科学技术出版社，2024. 10. -- ISBN
978-7-5719-2647-2

Ⅰ. G443；G645. 12

中国国家版本馆 CIP 数据核字第 2024D339C4 号

高校教师心理健康发展与职业成长

GAOXIAO JIAOSHI XINLI JIANKANG FANZHAN YU ZHIYE CHENZHANG

李永华　著

责任编辑	杨广斌
封面设计	小　溪
出　　版	黑龙江科学技术出版社
	地址:哈尔滨市南岗区公安街 70-2 号　邮编:150007
	电话:(0451)53642106　传真:(0451)53642143
	网址:www. lkcbs. cn
发　　行	全国新华书店
印　　刷	哈尔滨午阳印刷有限公司
开　　本	787 mm×1092 mm　1/16
印　　张	10. 75
字　　数	150 千字
版　　次	2024 年 10 月第 1 版
印　　次	2024 年 10 月第 1 次印刷
书　　号	ISBN 978-7-5719-2647-2
定　　价	58. 00 元

前　言

　　在知识爆炸与信息技术飞速发展的背景下,高校教师的工作环境与角色定位正经历着深刻的变革。他们不仅需要紧跟学科前沿,不断更新知识结构,提升教学质量,还要在科研领域深耕细作,产出高质量的研究成果,以支撑学术进步与科技创新。这一系列高要求、高强度的任务,往往伴随着巨大的心理压力与职业挑战。因此,关注并促进高校教师的心理健康发展与职业成长,不仅是维护教师个人福祉的必要之举,更是保障高等教育质量、推动社会持续发展的战略选择。

　　本书以高校教师心理健康发展概述为切入点,对高校教师的职业成长进行阐述,分析了心理健康发展对高校教师职业成长的影响,探索了高校教师心理健康的维护,并对高校教师职业成长心理支持体系的建设进行研究。希望通过本书的介绍,能够为读者在高校教师心理健康发展与职业成长方面提供帮助。

　　在写作过程中,笔者参阅了相关文献资料,在此,谨向其作者深表谢忱。由于水平有限,疏漏和缺点在所难免,希望得到广大读者的批评指正,并衷心希望同行不吝赐教。

李永华

2024 年 10 月

目　录

第一章 高校教师心理健康发展概述

第一节 高校教师心理健康的基本概念

一、高校教师心理健康的定义与内涵

(一)心理健康的定义

心理健康是一个充满活力、富有创造力的心理状态,它不仅意味着没有心理疾病,更意味着个体在情绪、认知、人格等方面达到了一种积极向上、和谐统一的境界。世界卫生组织将心理健康定义为"一种完满的生理、心理和社会适应良好状态,而不仅仅是没有疾病或者虚弱"。这一定义突破了传统的疾病模式,强调心理健康的积极意义,为我们理解心理健康提供了全新的视角。

从积极心理学的角度来看,心理健康不仅仅是消极症状的消除,更是一种积极品质的培养。马斯洛将心理健康描述为自我实现者的特征,他们拥有高度的自我接纳、独立自主、客观现实、完美主义等积极品质。罗杰斯则强调心理健康的核心是自我概念与实际经验的一致性,个体能够以开放和灵活的态度对待内心体验,不断发掘自身的潜能。这些理论都揭示了心理健康的本质是个体的自我成长和完善。

当前,心理健康已经成为社会各界广泛关注的热点话题。随着生活节奏的加快,竞争压力的增大,心理问题的发生率不断攀升。抑郁症、焦虑症等心理疾病已经成为仅次于心脑血管疾病的第二大类疾病。与此同

时，人们对心理健康的要求也在不断提高。追求幸福、发展潜能、实现自我价值已经成为现代人的普遍诉求。这些现实需求为心理健康研究提供了广阔的空间。

(二)心理健康的内涵

心理健康是一个多维度、多层次的概念，涵盖了个体在情绪、认知、人格、社会适应等方面的良好状态。对于高校教师而言，心理健康不仅关乎个人的身心和谐，更直接影响教学质量和学生发展。深入理解高校教师心理健康的内涵，对于制定针对性的心理健康教育和干预措施，促进高校教师职业发展具有重要意义。

从情绪维度来看，心理健康的高校教师能够保持情绪的稳定和积极。面对教学科研中的困难和压力，他们能够以平和、乐观的心态应对，调节负面情绪，保持内心的平衡与和谐。同时，健康的情绪状态也有助于营造积极向上的课堂氛围，激发学生的学习兴趣和动力。反之，情绪问题会直接影响教学效果，甚至可能对学生产生负面影响。

从认知维度来看，心理健康的高校教师具有理性、灵活的思维方式。他们能够客观分析问题，全面考虑各种因素，做出审慎的判断和决策。同时，他们勇于接纳新知，及时更新知识结构，以开放、创新的思维应对教学中的新情况、新问题。这种理性、灵活的认知风格不仅有利于教师自身的专业成长，也能够引导学生形成科学的思维习惯。

从人格维度来看，心理健康的高校教师拥有成熟、稳定的人格特质。他们自尊自信，成就动机强，能够不断挑战自我、突破自我。同时，他们责任心强，具有奉献精神，以教书育人为己任，努力实现自身价值。健全的人格结构使高校教师能够以身作则，潜移默化地影响学生，塑造学生的品格和价值观。

从社会适应维度来看，心理健康的高校教师人际关系和谐，社会角色适应良好。他们善于沟通,能够与同事、学生建立融洽的关系,营造民主、平等、互助的工作和学习氛围。同时,他们能够在教学、科研、管理等不同角色中游刃有余,发挥自身专长,实现角色价值。良好的社会适应能力有助于教师在校园生态中找准定位,提升工作幸福感和获得感。

二、高校教师心理健康的特征

(一)情绪稳定性

情绪稳定性是高校教师心理健康的重要表征之一,情绪稳定的教师能够在面对各种压力和挑战时保持乐观积极的心态,以平和、理性的方式应对困难,做出恰当的判断和决策。这不仅有利于教师自身的身心健康,也能为学生树立积极向上的榜样,营造积极向上的课堂氛围。相反,情绪波动大、容易焦虑烦躁的教师往往难以集中精力备课上课,教学质量和效率也会大打折扣。同时,消极的情绪情绪也易被学生感知,影响师生关系和课堂互动,不利于学生的健康成长。

从生理学角度来看,情绪的产生与大脑边缘系统密切相关。杏仁核作为边缘系统的重要组成部分,在情绪调节中发挥着关键作用。当面临压力或威胁时,杏仁核会释放肾上腺素、皮质醇等应激激素,引发心跳加速、血压升高等生理反应,进而影响个体的情绪体验。研究表明,情绪稳定性高的个体往往具有更强的前额叶功能,能够有效调控杏仁核的活动,减少负性情绪的产生。这提示我们,提升情绪稳定性需要从生理和心理两个层面入手,一方面要注重身体锻炼,提高机体的抗压能力;另一方面要加强情绪管理,学会用积极的认知评价方式看待压力源,化压力为动力。

从人格心理学角度来看,情绪稳定性是成熟人格的重要特质之一。

具有"五大"人格模型中情绪稳定特质的教师往往性格开朗、易于相处,表现为乐观、自信、沉着、冷静,能从容地应对各种困难和挫折。而情绪稳定性较差的教师则常表现出多疑、紧张、焦虑,遇事容易慌乱,难以作出正确判断。因此,高校教师必须加强自我人格修养,提高情绪调控能力,塑造热情、友善、情绪稳定的人格形象。这不仅需要努力学习心理学理论知识,更需要在教育教学实践中不断锻炼和提升自己,走出"象牙塔",在人际交往中学会换位思考,培养同理心和宽厚心,在挫折面前学会自我激励,于逆境中修炼意志品质。

从社会学角度来看,高校教师的情绪稳定性还受到社会支持系统的影响。良好的社会支持有助于缓解教师的工作压力,提供情感慰藉和价值认同,增强教师的安全感和归属感。反之,缺乏社会支持的教师更容易产生职业倦怠,情绪也更加反复无常。这就要求高校管理者高度重视教师情绪健康问题,完善相关制度政策,为教师创造良好的工作环境和发展空间。同时,高校教师也要主动寻求家人、同事、朋友的支持和帮助,与他们分享喜怒哀乐,在交流互动中获得情感满足和心理慰藉。

(二)社会适应性

在复杂多变的社会环境中,高校教师需要具备良好的社会适应能力,才能更好地融入社会,应对各种挑战和压力,实现个人价值和职业发展。

从理论层面来看,社会适应性反映了个体与环境之间的动态平衡关系。根据生态学理论,个体的心理健康状态取决于其与环境之间的互动和适配程度。当个体能够灵活调整自己的认知、情感和行为,以适应环境的变化时,就能维持良好的心理健康状态。反之,当个体无法有效应对环境压力,出现适应困难时,就可能导致心理失衡乃至心理疾病。对于高校教师而言,社会适应性意味着能够积极融入学校和社会环境,建立和谐的人际关系,履行好教学、科研和社会服务等职责,并在此过程中获得成就感和满足感。

从实践层面来看,高校教师的社会适应性表现在多个方面。首先,在教学工作中,具有良好社会适应性的教师能够根据学生的特点和需求,灵活调整教学方式和内容,营造积极的师生互动氛围,激发学生的学习兴趣和潜能。这不仅有助于提高教学质量,也能增进师生之间的理解和信任,促进教师自身的专业成长。其次,在科研工作中,社会适应性强的教师善于与同行交流合作,积极参与学术团体和社会组织,了解学科前沿动态,推动科研成果的转化和应用。这不仅能拓宽教师的学术视野,提升科研能力,也能为学校和社会的发展做出贡献。再次,在社会服务方面,具有良好社会适应性的教师乐于参与社会实践和公益活动,运用自己的专业知识服务大众,传播科学文化,弘扬社会正能量。这不仅能提升教师的社会责任感和使命感,也能促进学校与社会的良性互动,彰显大学的社会价值。

(三)自我认知能力

自我认知能力是高校教师心理健康的重要组成部分,它是教师了解自我、管理自我、发展自我的基础。具备良好的自我认知能力,教师能够清晰地意识到自己的情绪状态、思维方式、行为模式,进而采取积极的应对策略,维护自身的心理健康。同时,自我认知能力还有助于教师建立稳定的自我概念,树立积极的自我形象,增强自信心和自我效能感,从而更好地应对教学工作中的挑战和压力。

1. 情绪觉察

情绪觉察是指教师对自己情绪状态的敏感性和洞察力。拥有较强的情绪觉察能力,教师能够及时发现自己的情绪波动,分析情绪产生的原因,采取恰当的方式调节情绪,避免负面情绪对教学工作造成不利影响。例如,当面对学生的质疑或批评时,情绪觉察力强的教师不会感到焦虑或愤怒,而是能够冷静地反思自己的教学方法,虚心接纳学生的反馈,并努力改进教学策略。

2.思维觉察

思维觉察是指教师对自己思维过程的觉知和把控能力。具备良好的思维觉察能力,教师能够清晰地意识到自己的认知偏差和思维定式,进而主动调整思维方式,提高思维的灵活性和创造性。这对于教师开展教学研究、解决教学问题具有重要意义。例如,在探索教学新模式时,思维觉察力强的教师不会墨守成规、因循守旧,而是能够打破思维定势,积极尝试新的教学理念和方法,不断优化教学实践。

3.行为觉察

行为觉察是指教师对自己行为表现的觉知和调控能力。拥有较强的行为觉察能力,教师能够清晰地意识到自己的行为模式,发现不良行为习惯,并采取针对性的策略加以改进。这对于教师树立良好的教师形象、营造和谐的师生关系至关重要。例如,行为觉察力强的教师能够及时发现自己在课堂上存在的语言表达不当、肢体动作夸张等问题,进而有意识地调整自己的行为方式,以更加亲和、自然的姿态面对学生。

三、高校教师心理健康的重要性

(一)提高教学质量

高校教师作为教育工作的主力军,其心理健康状况直接影响着教学质量和人才培养效果。心理健康的教师能够以积极乐观的心态投入教学，潜心钻研业务，关注学生成长，营造良好的课堂氛围，从而提升教学质量。

其一，心理健康的高校教师在教学中表现出较强的情绪管理能力。他们能够有效调控自己的情绪状态，不轻易被负面情绪所困扰，始终保持耐心、细心、专注的教学状态。即便遇到挫折和困难，也能够以平和、乐观的心态去面对，并积极寻求解决方案。这种良好的情绪状态能够感染学生，营造和谐、愉悦的课堂氛围，激发学生的学习兴趣和热情。

其二，心理健康的高校教师还具有较强的教学效能感。教学效能感是指教师对自己能够胜任教学工作、取得教学成果的信念和判断。心理健康的教师往往对自己的教学能力充满信心，相信自己能够通过不懈努力实现教学目标，帮助学生取得进步。这种积极的自我认知能够转化为实际的教学行为，教师会主动改进教学方法，优化教学内容，力求为学生提供高质量的教学服务。由此，学生的学习效果也会随之提升。

其三，心理健康水平较高的教师表现出良好的人际交往能力他们善于与同事、学生沟通交流，建立融洽的人际关系。在与学生的互动中，这些教师能够站在学生的角度思考问题，理解学生的想法和诉求，给予学生充分的尊重和关怀。这种师生关系的改善，一方面增进了学生对教师的信任和亲近感，提高了教学的针对性和实效性；另一方面也为学生的心理健康发展创造了有利条件，教师成为学生心理问题的"倾听者"和"疏导者"，在潜移默化中影响学生的人格塑造。

(二)促进职业发展

作为知识的传播者和创新的开拓者，高校教师肩负着培养高素质人才、推动社会进步的重任。而教师自身的职业发展又与其心理健康状况息息相关。只有拥有良好的心理健康，教师才能以饱满的热情投入教学科研,才能不断提升专业素养和创新能力,实现职业理想和人生价值。

1. 专业发展

从专业发展的角度来看,良好的心理健康是教师不断进取、勇于创新的重要前提。心理健康的教师能够以开放包容的心态看待新事物、新观点,勇于突破传统思维定式,探索教育教学的新路径。他们能够积极应对教学科研中的各种挑战,化压力为动力,在困境中寻找机遇,在挫折中坚持不懈。这种乐观进取的职业态度,是教师专业素养不断提升的重要保障。相反,如果教师长期处于心理困扰之中,就难以全身心地投入工作,更谈不上创新和突破。抑郁焦虑、自卑敏感等负面情绪会严重影响教师的工作热情和专业表现,甚至可能导致教学事故的发生。可见,心理健康对于教师的专业发展具有基础性、先导性的意义。

2. 能力提升

从能力提升的角度来看,良好的心理健康有助于教师开发潜能,挖掘创新点。心理健康的教师往往具有较强的自我认知和情绪管理能力,能够准确把握自己的优势所在,并不断激发内在潜能。同时,他们善于调节情绪,化解压力,保持积极乐观的工作态度。在这种良性心理状态下,教师更容易产生创造性思维,提出新颖独到的教学设计和科研思路。相比之下,心理亚健康的教师则可能陷入自我怀疑和情绪困扰之中,难以全面认识自我,更无法激发创新潜能。长此以往,他们的教学科研能力就难以得到有效提升,职业发展也会受到严重制约。

3. 学术交流

从学术交流的角度来看,良好的心理健康是教师拓展学术视野、促进交流合作的重要基础。心理健康的教师往往具有较强的人际交往能力,善于沟通表达,乐于分享交流。他们能够以开放、自信的姿态参与学术讨论,虚心听取不同观点,博采众长,启迪思路。这种积极的学术交流,不仅能够拓宽教师的学术视野,更能促进跨学科、跨领域的合作研究,推动教学科研水平的整体提升。反之,心理状态欠佳的教师则可能对学术交流望而却步,惧怕展示自我,更难以接纳批评意见,久而久之,其学术视野和科研能力就难以得到有效拓展。

4.职业认同

从职业认同的角度来看,良好的心理健康是教师树立职业自信、坚定职业理想的重要条件。心理健康的教师对教书育人工作怀有崇高的使命感和责任感,以教师这一职业为荣,愿意为之奉献毕生精力。他们相信自己的工作是有意义、有价值的,并以此为动力,不断提升专业素养,追求卓越表现。这种发自内心的职业认同感,能够帮助教师战胜职业倦怠,坚定职业理想,实现自我价值的升华。相比之下,心理亚健康的教师则可能对职业产生怀疑和动摇,看不到教书育人工作的意义所在,进而丧失职业热情,降低工作标准,最终难以实现职业理想和人生价值。

四、高校教师心理健康的评估标准

(一)评估标准的分类

高校教师心理健康评估标准可以从多个维度进行分类和探讨。从评估的目的来看,可以分为诊断性评估和发展性评估两大类。诊断性评估旨在及时发现高校教师可能存在的心理健康问题,做出相应诊断,为后续干预提供依据。这类评估通常采用标准化的心理测量工具,如症状自评量表、人格问卷等,以期获得客观、准确的评估结果。与之相对,发展性评估则更加关注高校教师心理健康水平的动态变化和成长潜力。这类评估强调过程性和持续性,通过追踪教师的心理健康状况,分析其优势和不足,为制定个性化的职业发展计划提供参考。

从评估的内容来看,高校教师心理健康评估标准可以分为认知层面、情绪层面、行为层面和社会适应层面等。认知层面的评估主要关注教师的自我认知、自我效能感、应对方式等,旨在了解其对自我、工作和生活的理解和看法。情绪层面的评估则侧重于教师的情绪体验和调节能力,如抑郁、焦虑、压力等负性情绪的水平,以及情绪管理策略的运用。行为层面的评估主要针对教师在工作和生活中的行为表现,如工作投入度、人际交往方式、生活作息规律等,以评估其行为模式是否健康、适应。社会适应层面的评估则关注教师在学校、家庭和社会中的角色适应和交互质量,如师生关系、家庭关系、社会支持网络等,以判断其社会功能的完善程度。

从评估的方法来看,高校教师心理健康评估可以采取自评、他评、测评等多种形式。自评是指教师根据自身的主观感受和体验,对照某些标准进行自我评定,这种方式简便易行,但容易受到自我认知偏差的影响。他评则是由他人,如同事、家人、学生等,根据日常观察和交往,对教师的心理健康状况做出评价,这种方式能够提供多元视角,但评价的准确性有待进一步验证。测评是指运用心理学的原理和方法,通过标准化的测验或实验,对教师的心理健康水平做出科学评估,这种方式客观度高,但操作相对复杂,对评估者的专业性要求也较高。在实践中,通常需要综合运用多种评估方法,以期获得全面、客观的评估结果。

从评估的参照标准来看,可以将高校教师心理健康评估分为常模参照和标准参照两类。常模参照评估是指将教师的心理健康水平与所在群体的平均水平进行比较,以判断其相对位置和程度。这种评估能够揭示教师在群体中的心理健康优势和劣势,但评估结果容易受到样本特征的影响。标准参照评估则是依据心理健康的理想标准或专家共识,来判定教师的心理健康状况是否达标。这种评估直观明了，但对标准的制定提出了较高要求。

(二)评估标准的应用

1.坚持以人为本、客观公正的原则

评估不应是对教师的惩罚或限制，而是要充分尊重教师的主体地位，关注其情感需求和发展诉求。评估过程中，要全面收集教师工作、生活等各方面的信息，客观分析影响其心理健康的多重因素，避免主观臆断或片面化判断。

2.与教师发展相结合，体现发展性评价的理念

静态评估虽然能够反映教师心理健康水平的现状，但难以揭示其变化趋势和潜在问题。因此，评估不应是一次性的，而应该建立动态评估机制，定期对教师心理状态进行跟踪和研判。同时，评估结果不应简单用于奖惩或排名，而应该作为帮助教师改进和提高的重要参考。对于评估中发现的心理问题，学校和主管部门要提供必要的咨询辅导和关怀帮扶，协助教师疏导压力、提升心理韧性。

3.坚持定性与定量相结合

心理健康评估涉及诸多无形的主观体验，很难完全用量化指标来衡量。因此，在应用评估标准时，既要重视量表测评等客观数据，又要注重访谈、观察等定性分析。定性材料能够提供更加丰富、立体的教师心理健康画像，弥补单一量化评估的不足。定性分析与定量评估的有机结合，能够更加全面、准确地评判教师心理状态，为相关决策提供科学支撑。

4.尊重教师隐私,强化信息安全

心理健康评估不可避免地涉及教师的隐私信息,一旦泄露,可能对教师个人和工作造成严重影响。因此,在整个评估过程中,要严格遵守保密原则,建立健全信息管理制度。所有评估数据都要经过去标识化处理,严格限定访问权限和使用范围。学校和主管部门要加强评估工作人员的职业道德教育,提高其保密意识和责任心。唯有确保教师隐私安全,才能消除后顾之忧,使其全身心地投入教育教学工作。

第二节　高校教师心理健康的特殊性

一、高校教师心理压力的来源

(一)教学工作压力

高校教师面临着多方面的教学工作压力,这些压力不仅来源于教学任务的复杂性和多样性,更源于教师自身对教学质量的不懈追求。从备课到授课,从作业批改到答疑解惑,教师需要投入大量的时间和精力,才能确保教学活动的有序开展和教学目标的顺利达成。

1.教学内容的不断更新和拓展

随着科学技术的飞速发展和社会需求的日新月异,许多学科的知识体系正在经历着深刻的变革。作为知识的传播者和引路人,教师必须紧跟学科前沿,及时更新教学内容,为学生提供最新、最有价值的学习资源。这就要求教师必须广泛涉猎、博览群书,不断充实和完善自己的知识结

构,才能在课堂上给学生以耳目一新的感受,激发其学习兴趣和探究热情。

2.教学方法和手段的不断革新

在信息技术飞速发展的时代,传统的"满堂灌"式教学模式已经难以满足学生的学习需求,教师必须积极探索启发式、参与式、讨论式等多样化的教学方法,调动学生的主动性和创造性。同时,多媒体课件、在线教学平台、虚拟仿真实验等现代化教学手段的广泛应用,也对教师的信息技术应用能力提出了更高要求。教师需要投入大量时间学习和掌握这些新技术、新工具,不断提升自己的教学技能,才能适应时代发展的需要。

3.日益扩大的师生比和日益增加的教学工作量

在高等教育大众化的背景下,高校在校生规模不断扩大,师生比持续攀升,教师的教学任务也随之增加。备课、授课、批改作业、指导实习、参加教学研讨等,都需要教师付出更多的时间和精力。有限的时间如何在教学、科研、服务等多项任务中合理分配,对教师的时间管理能力提出了严峻考验。如何在繁重的教学任务中保持工作热情,防止职业倦怠,也是每个教师需要面对的现实问题。

(二)科研任务压力

在当前高等教育快速发展、竞争日益激烈的大环境下,科研绩效已成为评价高校教师职业表现的重要指标。教师往往需要在繁重的教学工作之余,投入大量时间和精力从事科研活动,如撰写论文、申请课题、参与学术会议等。这无疑给教师带来了沉重的心理负担,很多教师感到疲惫不堪,甚至出现身心健康问题。

1.高校对教师科研绩效的过度追求

不少高校将教师的职称评定、绩效考核、资源分配等与科研成果直接挂钩,形成了"唯论文、唯职称、唯项目"的不良导向。在这种机制下,教师不得不放弃教学投入,全身心投入到科研竞赛中,否则就可能面临职业发展受阻的风险。这种片面追求科研的做法,违背了教育的初心,偏离了人才培养的轨道,加剧了教师的职业倦怠感。

2.科研评价体系的不合理

当前,高校普遍采用以 SCI 论文数量、科研项目级别、科研经费数额等量化指标为主的科研评价方式。这种评价模式虽然简单直观,但忽视了科研创新的实质和科研成果的质量,助长了教师"速成"、"低质"发表论文的短期行为,无法真正反映教师的科研能力和学术贡献。同时,学校对教师的科研要求"一刀切",没有考虑不同学科、不同发展阶段的教师在科研方面的特点和差异,使得部分教师背负着超出自身能力的科研压力。

3.科研资源的稀缺

科研经费、实验设备、研究助手等资源在高校中呈现出明显的"马太效应",资源大多集中在少数学科带头人和科研团队手中。普通教师难以获得充足的科研资源支持,在科研竞争中处于劣势。即便教师付出了更多努力,也难以在短时间内取得突破性成果,这无疑加重了教师在科研方面的心理负担。

(三)学生管理压力

学生管理是高校教师工作的重要组成部分,也是教师面临的主要压力来源之一。高校学生处于人生发展的关键时期,个性张扬、思想活跃,对管理工作提出了更高要求。教师除了传授专业知识外,还肩负着引导学生健康成长、塑造良好品格的重任。这一过程中,教师难免会感受到来自学生管理方面的压力。

1.高校学生的特点决

当代大学生普遍独立意识较强,渴望得到尊重和理解。他们在学习、生活、交往等方面都表现出多元化的特点,对管理制度和方式提出了挑战。教师需要因材施教,根据学生的个性特点和实际需求,采取灵活多样的管理策略。这就要求教师不仅要有扎实的专业知识,还要具备较强的沟通协调能力和教育智慧。然而,面对纷繁复杂的学生事务,教师往往难以兼顾,容易产生心理压力。

2.学风建设

良好的学风是保证教学质量、提升人才培养水平的前提。然而,部分学生存在学习动力不足、自律性差等问题,影响了整体学风。教师需要通过日常教学管理,引导学生端正学习态度,养成良好的学习习惯。这是一个长期而艰巨的过程,需要教师付出大量心血和精力。同时,学风问题往往与学生的价值观念、人生规划等因素密切相关,单纯依靠强制管理难以奏效。教师需要深入了解学生的思想,进行耐心引导和疏导,这无疑加重了教师的心理负担。

3.学生的心理健康问题

现代社会竞争日益激烈,大学生面临着学业、就业、人际关系等多方面的挑战,心理问题日益凸显。部分学生出现焦虑、抑郁等症状,严重影响了学习和生活。作为学生工作的第一线,教师往往最先发现这些问题,并承担起心理疏导和危机干预的责任。然而,大多数教师缺乏专业的心理学训练,面对学生复杂的心理问题,常感到力不从心、无从下手。这种角色冲突和能力缺失,无疑加剧了教师的心理压力。

4.学生的安全问题、突发事件处置等

高校学生正处于人生的过渡期,部分学生自我管理能力较弱,容易发生安全事故。同时,各类突发事件也时有发生,如传染病疫情、自然灾害等。这些事件往往具有不可预测性和破坏性,需要教师快速反应、果断处置。然而,面对复杂多变的局面,教师难免会感到手足无措、压力倍增。

二、高校教师心理健康问题的表现形式

(一)焦虑与抑郁

高校教师是教书育人的主体,肩负着培养社会主义建设者和接班人的重任。然而,高校教师这一特殊职业群体,也面临着诸多挑战和压力,容易出现焦虑、抑郁等心理健康问题。

1.焦虑

高校教师的工作具有较强的脑力劳动特点,需要长期处于紧张的教学和科研状态,面对繁重的教学任务、高强度的科研压力,很容易产生焦虑情绪。尤其是青年教师,刚刚步入工作岗位,在适应环境、熟悉业务的过程中,更容易感到焦虑不安。同时,高校教师还要承担学生管理、社会服务等多重角色,角色冲突也可能引发焦虑。此外,职称评定、项目申报等方面的竞争压力,也是高校教师焦虑的重要诱因。

2.抑郁

高校教师大多具有较高的学历和学术追求,对自我要求严格。当面

对教学效果不佳、科研进展缓慢等挫折时,容易产生自我否定、失落沮丧等抑郁情绪。尤其是中年教师,随着年龄增长,身体机能下降,工作热情减退,如果难以适应角色转变,就更易陷入抑郁。此外,高校教师工作强度大,长期超负荷运转,也可能导致身心俱疲,出现抑郁症状。

(二)职业倦怠

职业倦怠是指个体在长期工作压力下产生的身心俱疲状态,表现为情绪耗竭、去个性化和低成就感。这一概念最早由美国心理学家弗罗伊登伯格提出,他将职业倦怠定义为由于长期情感和人际关系方面的压力而导致的情绪枯竭、去个性化和个人成就感降低的综合症状。

职业倦怠的核心特征是情绪耗竭,即个体感到精疲力竭,无法从工作中获得积极情绪体验。当工作要求超出个人承受能力时,就会出现这种消极的情绪反应。去个性化则表现为个体对服务对象产生漠不关心、消极对待的态度,将他们视为物品而非人。这种冷漠和疏离感是为了减轻情绪负担而采取的一种自我防御机制。低成就感指个体对自身工作能力和成绩产生负面评价,认为无法胜任工作要求,缺乏成就感和自我价值感。

综合来看,职业倦怠反映了个体与工作环境之间的失衡状态。当工作压力超出个人应对资源,无法获得足够的社会支持时,职业倦怠就可能发生。个体会感到身心俱疲、无力感,工作热情和积极性下降,难以投入工作并体验工作意义,继而对工作产生消极态度,服务质量和工作绩效下降。从动力学角度来看,职业倦怠源于长期的压力损耗,是一个渐进的过程。最初阶段表现为警觉性紧张,个体对环境压力产生应激反应。随着压力持续,个体会产生抵抗和挫折感,出现情绪和行为改变。当应对资源耗尽时,个体就会陷入衰竭状态,形成职业倦怠。

尽管职业倦怠带有明显的负面色彩,但它并非病态,而是正常人在特定情境下会产生的一种状态。每个人或多或少都会体验到职业倦怠,关键在于倦怠的程度是否超出个体的调节能力。轻微的职业倦怠经过休整后可以缓解,但如果长期得不到有效干预,则可能演变为心理障碍,影响个体的身心健康。

(三)人际关系紧张

大学教师作为高等教育的中坚力量,承担着教书育人的神圣使命。然而,高校教师这一特殊职业群体也面临着诸多心理健康问题,人际关系紧张就是其中之一。由于工作性质和环境的特殊性,大学教师的人际交往呈现出复杂多变的特点。一方面,教师需要与学生、同事、领导等不同群体打交道,扮演着多重角色;另一方面,学术研究工作的独立性和竞争性,也使得教师难以建立深层次的人际关系。长此以往,教师容易产生孤独感、疏离感,甚至是人际关系紧张的问题。

1.与学生的关系

从与学生的关系来看,随着高等教育的大众化和学生主体意识的增强,师生关系已经发生了深刻变化。传统的"师道尊严"逐渐式微,取而代之的是平等互动的师生关系模式。然而,代沟的存在、价值观的差异,加之教学任务的繁重,导致部分教师难以真正走进学生的内心世界,建立良性互动。有的教师因缺乏沟通技巧和心理调适能力,在面对学生提出的问题或意见时,容易产生抵触情绪,甚至采取强硬态度,引发师生矛盾。久而久之,师生关系日趋紧张,教学效果和教师的职业幸福感也会大打折扣。

2.与同事的关系

从与同事的关系来看,大学教师普遍存在学术竞争压力。在学术文化影响下,教师需要在有限的时间内产出更多高质量的科研成果,争取专业тит号和职位晋升。这种竞争压力不仅来自于院系内部,也来自于学科领域乃至整个学术共同体。在此情境下,教师之间难免出现利益冲突和矛盾纠葛,合作共事的意愿降低,人际关系趋于紧张。尤其是在教研室等基层学术组织中,教师 usually 要共同承担教学和科研任务,缺乏默契和互信很容易产生摩擦,影响团队氛围。

3.与领导的关系

从与领导的关系来看,大学教师作为专业人士,通常有着较强的自主意识和独立人格。然而,在现实的管理体制下,教师的发展空间和资源获取在很大程度上取决于领导的态度。倘若领导缺乏民主意识和沟通艺术,专制地对待教师,漠视其独特的个人需求,就容易引发教师的逆反心理和对立情绪。而教师一旦对领导产生抵触,在人际交往中就可能表现得不够坦诚,给双方的理解和信任蒙上阴影。由此可见,教师与领导的不良互动,是引发人际关系紧张的重要诱因。

三、高校教师心理健康的年龄差异

(一)青年教师的心理挑战

青年教师是高校教师队伍中极具活力和创造力的群体,他们肩负着教书育人、科研创新的重任,是高等教育事业发展的生力军。然而,青年教师在职业发展初期也面临着诸多挑战和困惑,这些问题如果得不到有效应对,将影响其身心健康和专业成长。

1.心理适应

从心理适应的角度来看,青年教师刚刚步入工作岗位,面对全新的环境和角色转换,难免会产生一定的心理落差和不适应。一方面,他们需要尽快熟悉教学工作的各个环节,掌握教学设计、课堂管理、学生指导等方面的技能;另一方面,他们还要适应高校特有的学术氛围和人际关系,学会与同事、领导沟通协调。这种角色转换和环境适应的压力,可能会给青年教师带来焦虑、困惑等负面情绪体验。

2.职业发展

从职业发展的角度来看,青年教师普遍面临着专业能力提升和职称晋升的双重压力。作为教学科研的新鲜血液,青年教师一方面要不断充实和更新自己的学术知识,紧跟学科前沿动态;另一方面,他们还要在教学实践中磨练技艺,形成自己的教学风格和特色。与此同时,职称评定和晋升又对青年教师的科研能力提出了更高要求,他们需要在有限的时间内取得高水平科研成果,证明自己的学术潜力。这种内外兼修、多维角逐的局面无疑给青年教师带来了巨大压力。

3.工作生活平衡

从工作生活平衡的角度来看,青年教师大多处于人生的重要阶段,需要在事业发展和家庭生活之间寻求平衡。备课、授课、批改作业等教学工作常常占据了青年教师大量的时间和精力,加之科研任务和行政事务的繁重,他们难以全身心地投入到家庭角色中。久而久之,工作与生活的失衡可能会影响青年教师的情绪状态和身心健康,甚至引发师生关系、家庭关系的矛盾和冲突。

(二)中年教师的心理负担

中年教师是高校教师队伍的中流砥柱,他们既积累了丰富的教学经验,又面临着更重的家庭和工作压力。随着年龄的增长,中年教师在生理、心理和社会角色等方面都发生了显著变化,这些变化对其心理健康产生了复杂而深刻的影响。

从生理层面来看,中年教师正处于机体功能逐步衰退的阶段。他们的体力和精力不如从前充沛,身体各项机能开始走下坡路。工作和生活的双重压力,加之不良生活习惯的影响,使得一些中年教师出现了亚健康状态,甚至罹患慢性疾病。这些生理上的困扰,无疑会给他们的心理健康带来负面影响。

从心理层面来看,中年教师面临着多重角色冲突和适应性挑战。一方面,他们要努力维系亲子关系、夫妻关系和与老人的关系,承担家庭主要经济支柱和情感支持者的重任。另一方面,他们还要不断提升教学科研能力,在职称评定、项目申报等方面争取更大突破。角色期望的差异和现实条件的限制,常常使中年教师陷入焦虑、烦躁、自我怀疑等负面情绪。

从社会角色层面来看,中年教师正处于事业发展的关键期。他们渴望在教学科研领域取得更高成就,获得社会和学术界的认可。然而,现实中的种种障碍,如教学任务繁重、科研条件有限、晋升空间不足等,却限制了他们的发展空间。长期得不到满足的成就需求,容易让中年教师产生职业倦怠感,进而影响工作热情和教学质量。

(三)老年教师的心理适应

随着年龄的增长,老年教师在生理、心理、社会等方面都会发生显著变化,这对其职业适应产生深远影响。从生理层面来看,老年教师的身体机能逐渐衰退,记忆力、反应速度、视听觉等方面的能力有所下降。这导致他们在教学过程中更容易感到疲惫,难以应对快节奏、高强度的工作。同时,老年教师还可能面临各种慢性病的困扰,如高血压、糖尿病等,这进一步影响了其教学效能和工作满意度。

从心理层面来看,老年教师已经度过了职业生涯的上升期和稳定期,进入到了维持期或衰退期。他们的职业动机可能发生变化,不再像年轻教师那样充满朝气和进取心。有些老年教师会产生职业倦怠感,对教学工作失去热情和兴趣。另一些老年教师则会形成固定的思维模式和行为方式,不愿意接受新事物、新理念,抵触教育教学改革。这种心理状态无疑会影响其职业适应能力。

从社会层面来看,老年教师面临着角色转换和代际差异的双重挑战。一方面,随着退休时间的临近,他们需要适应从教师到退休人员的角色转换,重新定位自我、调整心态。另一方面,老年教师与学生之间存在着显著的代际差异。他们在价值观念、行为方式、交流模式等方面与学生存在隔阂,难以有效沟通和互动。这种代际差异会影响师生关系,进而影响教学效果。

第三节　高校教师心理健康发展的影响因素

一、工作环境对高校教师心理健康发展的影响

(一)办公环境

办公室作为高校教师日常工作的主要场所,其设计和布局对教师的心理健康具有重要影响。良好的办公环境不仅能够提高工作效率,更能营造积极向上的工作氛围,缓解教师的职业压力,促进身心健康。相反,嘈杂拥挤的办公环境则易引发教师的焦虑、烦躁等负面情绪,长此以往,将严重影响教师的心理健康水平。

1.物理环境

从物理环境角度看,办公室的采光、通风、温度、湿度等都与教师的心理健康密切相关。充足的自然采光有助于提振教师的精神,缓解视觉疲劳;而昏暗的光线则容易引起情绪低落,加重工作压力。合理的通风换气可以保证空气的清新,让教师感到神清气爽;相反,污浊的空气会引发头晕、乏力等不适症状,影响工作状态。适宜的温度和湿度能够营造舒适的办公环境,让教师全身心投入工作;而过于干燥或潮湿的环境则不利于教师的身心健康。

2.空间布局

从空间布局角度看,科学合理的办公室布局可以提高工作效率,增强教师的归属感和认同感。一方面,独立或相对独立的办公空间能够为教师提供安静、私密的工作环境,有利于教师集中注意力,提高教学科研效率。另一方面,开放式的办公区域有助于增进教师之间的交流与合作,营造团结友爱的工作氛围。同时,人性化的办公家具配置,如舒适的座椅、充足的储物空间等,也能提升教师的工作体验,缓解生理心理疲劳。

3.软环境

从软环境角度看,和谐融洽的办公氛围对教师的心理健康至关重要。良好的同事关系能够给教师提供情感支持和归属感,让其在工作中感到被理解、被接纳。定期开展集体活动,如教学沙龙、户外拓展等,有助于增进教师之间的感情,提升团队凝聚力。同时,民主平等的办公文化也能激发教师的工作热情,营造积极向上的精神风貌。相反,冷漠、苛刻的办公氛围则易引发教师的孤独感和疏离感,加重其心理负担。

(二)校园文化

作为教师日常工作和生活的主要场所,校园文化的氛围、价值取向和人文关怀程度,都与教师的心理健康状况息息相关。积极向上、充满活力的校园文化,能够激发教师的工作热情,缓解其心理压力,提升其职业幸福感。反之,一个沉闷压抑、缺乏人文关怀的校园环境,则可能加重教师的心理负担,引发职业倦怠和情绪问题。

1.校园文化能够塑造教师的价值观和职业态度

注重师德师风、尊重教师劳动的校园文化,能够增强教师的职业认同感和自我效能感,从而提升其心理健康水平。相反,过于功利化、忽视教师发展需求的校园环境,则可能引发教师的价值观冲突和职业怀疑,加剧其心理矛盾。

2.校园文化影响着教师的人际关系和社会支持网络

强调团结协作、鼓励教师间交流的校园氛围,有利于教师建立良好的同事关系,获得更多的情感支持和资源分享,从而缓解工作压力,促进心理健康。反之,竞争氛围浓厚、同事关系疏离的校园环境,则可能加剧教师的孤独感和疏离感,损害其心理健康。

3.校园文化影响着教师的工作体验和职业发展

注重教师专业成长、提供充足发展机会的校园环境,能够激发教师的内在动机,提升其工作满意度和成就感,从而促进心理健康。相反,缺乏发展空间、工作单调重复的校园环境,则可能引发教师的职业倦怠和失落感,损害其心理健康。最后,校园文化还关乎教师的工作生活平衡。重视教师身心健康、提倡劳逸结合的校园文化,能够帮助教师更好地平衡工作与生活,缓解角色冲突带来的心理压力。反之,过于强调工作绩效、忽视教师生活质量的校园环境,则可能导致教师工作生活失衡,引发心理健康问题。

二、社会支持对高校教师心理健康发展的影响

(一)同事支持

在高校教育中,同事之间的相互支持是维系教师心理健康的重要因素。良好的同事关系能够缓解工作压力,增强幸福感和归属感,帮助教师更好地应对职业挑战。相反,缺乏同事支持则容易导致教师产生孤独无助的感觉,对工作失去热情和动力。因此,营造互帮互助、彼此信任的同事关系,对于促进高校教师心理健康具有重要意义。

1.情感支持

从情感支持的角度来看,同事之间的关怀和鼓励能够给予教师极大的心理慰藉。教学科研工作繁重,难免会遇到各种困难和挫折。此时,如果能够得到同事的倾听和宽慰,教师就能更好地疏导负面情绪,重拾信心和斗志。一句简单的问候、一个善意的微笑,都能让教师感受到来自同事的温暖,使其在艰难时刻得以慰藉。同时,同事之间真诚的肯定和赞美,也是教师获得成就感和价值感的重要来源。当教师的付出和进步得到同事的认可时,他们就会更加热爱自己的事业,以更加饱满的热情投入工作。

2.工作协作

从工作协作的角度来看,同事之间的相互配合和支持能够显著提升教学科研效率。现代高校教育越来越强调跨学科、跨领域的合作,任何一

名教师都难以独力完成所有任务。此时,同事之间通力合作、优势互补就显得尤为重要。例如,在教学方面,同事之间可以分享教学资源、交流教学经验、探讨教学方法,共同提升教学水平;在科研方面,同事之间可以组建研究团队、开展协同攻关、取长补短,产出更多高质量的科研成果。同事之间无私的帮助和真诚的建议,能够帮助教师克服困难,不断进步,从而获得更多的成就感和自我价值的实现。

3.职业发展

从职业发展的角度来看,同事之间的启发和引导能够拓宽教师的职业视野。每一名教师都有自己独特的人生经历、学术背景和专业特长,这些都是宝贵的智慧财富。同事之间的交流讨论,能够让教师从不同视角审视问题,启发新的思路和观点。资深教师毫无保留地传授经验,新入职教师积极吸收借鉴,在"教学相长"中共同成长。同时,同事之间还可以分享学术信息、拓展人际网络,为彼此的职业发展提供更多机遇。同事之间相互欣赏、相互支持的关系,能够让教师感受到职业生涯的意义和前景,从而以更加饱满的热情投身教育事业。

4.人际关系

从人际关系的角度来看,融洽的同事关系是教师获得归属感和安全感的重要保障。教师作为高校这个大家庭的一员,需要与同事建立起亲密无间的情谊。工作之余,同事之间的谈天说地、互诉衷肠,能够增进彼此的了解和信任,消除隔阂和误会。同事之间的欢声笑语,能够烘托出温馨愉悦的办公氛围,使教师感到轻松惬意。同事之间适时的关心和问候,能够让教师感受到组织的人文关怀,对学校产生更加强烈的认同感。和谐的同事关系如同一个定心丸,能够稳定教师的情绪,增强教师的安全感,使其全身心地投入到工作中。

(二)社会资源

社会资源可以为高校教师提供情感支持、信息支持和工具性支持,帮助其更好地应对工作和生活中的压力,维护心理健康。丰富的社会资源能够给高校教师带来安全感和归属感,使其在遇到困难和挫折时,能够获得来自外界的理解、关怀和帮助,从而增强心理韧性,提升抗压能力。

首先,高校教师可以主动参与各种学术交流活动,如学术会议、研讨会、讲座等,与同行进行深入交流,建立广泛的学术联系。这不仅有助于拓宽教师的学术视野,提升科研能力,更能够在学术圈内形成互助互信的人际网络,在遇到学术困惑或职业发展瓶颈时,得到同行的支持和启发。

其次,高校教师可以加入各类教师协会、教育组织等,与志同道合者携手,为教育事业的发展贡献力量。在这个过程中,教师能够感受到行业认同和价值认可,增强职业自豪感和获得感,从而更好地投入教学科研工作。此外,高校还可以搭建教师交流平台,定期组织教师沙龙、读书会、康乐活动等,为教师提供情感交流和压力释放的机会,增进彼此的了解,提升归属感和幸福感。

再次,高校教师应积极开拓校外社会资源。一方面,教师可以走出校园,深入基层一线,开展社会实践和科研调研,了解社会需求,收集一手资料,将所学知识与社会实际相结合。这不仅能够丰富教学内容,增强教学的针对性和实效性,更能引导教师关注社会、思考自身的社会责任,从而获得更大的成就感和价值感。另一方面,教师还可以利用社交媒体、网络平台等新媒体资源,积极传播和交流教育教学理念,引领社会风尚,塑造教师良好形象。通过与社会各界的互动交流,教师能够获得更多元的信息和视角,开阔眼界,活跃思维,有效缓解职业倦怠感,保持心理活力。

最后,高校和社会应该为教师提供必要的制度保障和发展机会,营造良好的社会支持环境。例如,完善教师职业发展体系,为教师提供多样化的培训和进修机会,帮助其及时更新知识,提升能力;建立健全教师表彰奖励机制,肯定教师的工作成绩和贡献,增强其职业获得感;加强高校与社会各界的合作交流,拓宽教师社会参与渠道,为其施展才华提供更多舞台。只有高校、教师、社会三方共同努力,形成合力,才能真正为高校教师营造良好的社会支持环境,助力其身心健康发展。

三、个人性格特质对高校教师心理健康发展的影响

(一)情绪稳定性

在诸多个人性格特质中,情绪稳定性对高校教师心理健康的影响尤为显著。情绪稳定性指个体面对外界刺激时,情绪反应的强度和波动程度。具有高情绪稳定性的个体,在面对压力和挫折时,能够保持冷静和理性,情绪波动较小,从而更好地维持心理平衡。相反,低情绪稳定性的个体则容易表现出情绪的大起大落,面对压力时易于焦虑、烦躁,影响心理健康水平。

对于高校教师而言,工作和生活中存在诸多潜在的压力源,如教学任务重、科研压力大、人际关系复杂等。面对这些压力,情绪稳定性高的教师能够较好地调节自己的情绪,客观分析问题,寻求解决方案。他们不会被负面情绪所困扰,能够保持积极乐观的心态,从容应对各种挑战。这种良好的心理调适能力,有助于他们在高压力的工作环境中维持身心健康,提升工作绩效和生活质量。

相比之下,情绪稳定性低的教师则更容易在压力下产生负面情绪反应。他们可能对工作中的问题反应过度,陷入焦虑和自我怀疑,难以专注于教学科研工作。长此以往,容易导致情绪衰竭,影响身心健康。同时,情绪的频繁波动还可能影响他们与学生、同事的人际互动,给人不稳定、

难以相处的印象。而低质量的人际关系又进一步加剧他们的心理压力，形成恶性循环。

此外，情绪稳定性还影响着高校教师应对压力的方式。情绪稳定性高的教师往往能够积极寻求社会支持，与他人分享自己的困扰，获得情感支持和建设性建议。他们也更倾向于采取积极的应对策略，如合理规划时间、适度放松、保持运动等。这些良性应对有助于缓解压力，促进身心健康。而情绪稳定性低的教师则可能采取消极回避的应对方式，如借助烟酒、暴饮暴食等来逃避问题，这不仅无助于化解压力，反而会带来新的健康隐患。

(二)自我调节能力

自我调节能力是高校教师心理健康的重要影响因素之一。具备良好的自我调节能力，能够帮助教师更好地应对工作和生活中的压力，维持积极乐观的心态，从而保持心理健康状态。自我调节能力主要包括情绪调节、行为调节和认知调节三个方面。

1.情绪调节

情绪调节指个体能够有效识别、理解并管理自己的情绪状态，维持情绪的稳定性。面对教学、科研等工作中的挫折和困难，拥有良好情绪调节能力的教师能够及时调整心态，化压力为动力，保持积极乐观的情绪。相反，情绪调节能力较差的教师则容易陷入消极情绪，影响工作效率和生活质量。因此，情绪调节能力在很大程度上决定了教师的心理健康水平。

2.行为调节

行为调节指个体能够根据环境变化和目标需要，灵活调整自己的行为方式。高校教师往往面临多重角色和任务，需要在教学、科研、管理等不同工作之间进行协调和平衡。这就要求教师具备良好的行为调节能力,能够合理安排时间,高效完成各项任务,避免过度疲劳和倦怠。同时,行为调节能力还体现在教师面对冲突和问题时的处理方式上。能够积极寻求解决方案,与他人有效沟通,是行为调节能力较强的表现。

3.认知调节

认知调节是指个体对事物的评价和解释方式,它影响着个体对压力事件的主观感受和应对方式。拥有积极的认知调节方式,能够从多角度看待问题,把握事物的本质,保持理性平和的态度。反之,消极的认知方式则容易将困难放大,陷入悲观失望的情绪中。高校教师经常面临来自学生、同事、领导的评价和反馈,合理的认知调节方式有助于教师正确对待评价,并从中找到改进的动力。

四、家庭生活对高校教师心理健康发展的影响

(一)家庭关系

家庭关系是影响高校教师心理健康的重要因素之一,稳定和谐的家庭关系能够为教师提供情感支持和心理慰藉,帮助其缓解工作压力,保持积极乐观的心态。相反,紧张冲突的家庭关系则可能成为教师心理负担的来源,加剧其职业倦怠和心理困扰。

从积极的角度看,良好的家庭关系能够满足教师的归属和安全需要,为其提供一个温暖安全的心理港湾。当面临工作挫折和压力时,家人的理解、支持和鼓励能够增强教师的心理韧性,帮助其重拾信心和动力。同时,温馨的家庭氛围也有利于教师在工作之余得到充分的休息和放松,恢复心理能量,以更加饱满的精神状态投入教学科研工作。

良好的家庭关系还能够促进教师角色与家庭角色的平衡,减轻工作家庭冲突带来的心理压力。当教师能够在家庭中获得理解和支持,并合

理分配时间和精力时,就能够在工作和家庭之间取得平衡,避免一方面的过度投入而导致另一方面的失衡和冲突。这种角色平衡不仅有利于教师个人的身心健康,也能够提升其工作满意度和幸福感。

因此,高校和社会各界应该重视并支持教师家庭关系的构建和维护。一方面,高校可以通过合理调配工作任务、提供必要的福利保障等措施,为教师营造良好的工作家庭平衡环境;另一方面,教师自身也要注重对家庭关系的经营,加强与家人的沟通交流,学会在家庭中释放压力、获得支持。

(二)生活平衡

作为社会的基本单元,家庭为个人提供了最初的生活环境和情感支持。和谐美满的家庭生活能够给教师以心灵的慰藉和精神的寄托,是教师应对工作压力、维系身心健康的重要力量源泉。反之,不和谐的家庭关系、沉重的家庭责任以及工作与生活的失衡,则可能成为影响教师心理健康的重要风险因素。

其一,高校教师普遍面临着工作与家庭的双重角色压力。一方面,高校教师肩负着教书育人、科研创新的重任,工作强度大、精神压力重;另一方面,他们又需要承担家庭角色的种种责任,如照料老人、抚育子女、经营婚姻等。在有限的时间和精力之下,难免会感到身心俱疲、难以兼顾。尤其是对于女性教师而言,这种角色冲突更加突出。在传统观念的影响下,家务劳动和家庭照料等工作仍然主要落在女性身上。这使得女性教师在承担繁重教学科研任务的同时,还要花费大量心力经营家庭,长此以往,容易引发身心俱疲、情绪低落等心理问题。

其二,家庭关系的质量与教师心理健康密切相关。温暖支持的家庭氛围能够成为教师的坚强后盾,帮助其化解工作压力、保持积极乐观的心态。夫妻之间的恩爱互助、父母子女间的关爱信任,都是教师心理健康的重要保障。相反,冷漠疏离的家庭关系、频繁爆发的家庭矛盾,则可能给教师的心理健康蒙上阴影。当教师在家庭中得不到理解和支持,又无法从工作中获得足够成就感时,就更易陷入职业倦怠和情绪困扰之中。

其三,家庭责任的重压也可能威胁到教师的心理健康。对于许多高校教师而言,子女教育、老人赡养、房贷压力等都是无法回避的现实困境。这些责任不仅给教师带来了沉重的经济负担,也侵占了其大量的时间和精力。在家庭需求与个人发展难以平衡的境况下,教师极易产生焦虑、自责等负面情绪,进而影响到工作状态和身心健康。

(三)家庭责任

高校教师作为知识分子群体,肩负着教书育人、科研创新的重任,同时也是家庭的重要成员。他们需要在工作与家庭之间寻求平衡,协调好个人发展与家庭责任。然而,在现实生活中,高校教师常常面临着家庭责任与职业发展的冲突与矛盾。

从客观环境来看,高校教师普遍面临着较大的工作压力。教学、科研、社会服务等多重任务的叠加,占用了他们大量的时间和精力。这种高强度的工作状态,不可避免地挤压了高校教师投入家庭生活的空间。他们难以兼顾工作与家庭,长期处于身心俱疲的状态,容易产生焦虑、抑郁等负面情绪,影响心理健康水平。同时,家庭成员对高校教师的期望值往往较高,希望其在事业上有所成就,在家庭中发挥重要作用。这种内外的双重压力,进一步加剧了高校教师的心理负担。

从主观感受来看,高校教师普遍有着强烈的责任感和使命感。他们渴望在工作中实现自我价值,为学生和社会做出贡献;同时,他们也希望给家人创造美好的生活,履行好家庭角色的职责。然而,在时间和精力有限的情况下,高校教师往往难以二者兼顾,陷入进退维谷的困境。一方面,疏于家庭责任的承担会让其感到内疚和自责,产生心理压力;另一方面,过度投入家庭生活则可能影响工作绩效,带来职业发展的焦虑。这种角色冲突所引发的心理失衡,无疑会对高校教师的身心健康造成损害。

第二章 高校教师的职业成长

第一节 高校教师职业生涯规划

一、高校教师职业生涯规划的原则

(一)个人发展与学校需求结合

高校教师职业生涯规划中如何实现个人发展与学校需求的有机结合,是一个值得深入探讨的重要课题。个人发展是教师职业生涯规划的内在动力,而学校需求则是教师职业发展的外部导向。只有在二者之间达成动态平衡,才能实现教师个人与学校的双赢。

1.教师个人发展目标应与学校发展规划相契合

作为学校的重要组成部分,教师的职业发展必须服务于学校的整体发展战略。教师在制定个人职业规划时,要主动了解学校的办学理念、发展目标和人才培养方案,将自身的专业特长、研究兴趣与学校的学科建设、科研方向相结合。这样,教师的个人发展不仅能够获得学校的支持和资源保障,也能为学校的可持续发展贡献智慧和力量。

2.学校应为教师个人发展提供必要的平台和条件

教师的职业发展离不开学校的培育和引导。学校要建立健全教师职业发展制度,完善职称评聘、考核晋升等管理机制,为教师的专业成长提供制度保障。同时,学校还应该搭建多元化的培训平台,定期开展教学研讨、学术交流等活动,为教师搭建学习和展示的舞台。此外,学校要关注教师的个性化需求,在工作安排、资源配置等方面给予适当倾斜,为教师的差异化发展创造条件。

3.教师要主动平衡个人发展与工作投入的关系

教师既要重视自身的专业成长,也要切实履行教书育人的职责。在日常教学科研工作中,教师要合理安排时间和精力,既要保证教学质量,备课充分,认真批改作业,耐心辅导学生;也要积极开展科研工作,紧跟学科前沿,推进学术创新。同时,教师还要积极参与学校管理和社会服务,在不同角色中实现自我价值。只有在多重角色中取得平衡,教师才能实现全面发展。

(二)长期目标与短期目标结合

高校教师职业生涯规划需要在长期目标和短期目标之间寻求平衡与统一。长期目标是指教师在职业生涯中希望达成的终极追求和理想境界,如成为某一学科领域的权威专家、优秀教育工作者等。这些目标往往需要经过长期的努力和积累才能实现,是教师职业生涯的指向标和动力源。而短期目标则是为实现长期目标而制定的阶段性任务,如在近期内发表一定数量的高水平论文、承担重要的教学或科研项目等。这些目标具有明确的时间限定和可操作性,是长期目标的具体化和分解。

长期目标为短期目标提供方向和意义,短期目标为长期目标奠定基础和铺垫。两者相辅相成、缺一不可。如果只有长期目标而缺乏短期规划,教师可能会陷入理想和现实的落差,难以找到前进的途径和动力;如果只有短期目标而忽视长远规划,教师的职业发展可能会失去明确的指引和价值追求,陷入近期利益的羁绊。因此,在制定职业生涯规划时,教师要注重长短期目标的统筹兼顾和动态调整。

一方面,教师要结合自身的兴趣特长、价值理念和发展愿景,设定切合实际、鼓舞人心的长期目标。这需要教师深入思考自己的职业定位和使命担当,立足学科前沿和教育发展需求,树立远大的职业理想和人生追求。同时,教师还要充分考虑外部环境和自身条件的变化,适时调整长期目标,确保其始终具有现实针对性和感召力。

另一方面,教师要围绕长期目标,制定科学合理、切实可行的短期计划。这需要教师全面分析自身优势和不足、机遇和挑战,根据目标实现的难易程度、紧迫程度,合理安排阶段性任务。同时,教师还要细化实施步骤,明确时间节点,做好资源准备和行动预案,确保短期目标能够有条不紊地推进。在实施过程中,教师要密切关注目标完成情况,总结经验教训,视情况进行灵活调整,形成目标实现的良性循环。

在长短期目标的统筹中,教师还要注重二者的平衡与协调。长期目标固然重要,但决不能脱离实际,无视短期任务的约束和压力;短期目标虽然紧迫,但也不能本末倒置,背离长远发展的需要。教师要树立"长短期目标一盘棋"的思想,在追求长远理想的同时,脚踏实地做好眼前工作;在完成阶段任务的过程中,不忘初心,坚守远大志向。只有处理好长期目标和短期目标的关系,教师才能在职业生涯的漫漫长路上既不迷失方向,又不止步不前;既能从容应对眼前挑战,又能坚定迈向光辉未来。

(三)自我评估与外部评估结合

教师的职业发展是一个不断反思、调整、完善的过程,需要教师本人和组织机构的共同参与。单纯依靠教师个人对自身优势和不足的认知,难以形成全面、客观的判断。同时,仅仅依赖学校、学院等外部机构的评价,也容易忽视教师内在的发展需求和潜力。因此,高校教师职业生涯规划必须坚持自我评估与外部评估相结合的原则,充分发挥两种评估方式的优势,最大限度地促进教师的可持续发展。

在自我评估中,教师需要全面审视自身的知识结构、能力水平、价值取向等,深入分析自己在教学、科研、社会服务等方面的优势和不足。这种自我反思有助于教师明确职业发展方向,调整职业生涯规划,不断提升专业素养和综合能力。同时,教师还应该主动收集学生、同行、领导的反馈意见,将他人的评价作为自我认知的重要参照,以更加全面、立体的视角审视自我,校正职业发展偏差。

在外部评估中,学校、学院等组织机构应该建立科学、合理的教师评价体系,定期开展教学质量评估、科研绩效考核、师德师风评价等,全面评估教师的职业发展状况。这种制度化的外部评估能够为教师提供客观、公正的反馈,帮助其准确定位自身优势和不足,调整职业发展策略。同时,外部评估还应该注重发现和挖掘教师的发展潜力,为其搭建成长平台,提供针对性的培训和指导,激励教师不断进步和突破。

自我评估与外部评估相结合,能够形成教师职业发展的内外双重驱动机制。一方面,教师通过自我反思和评估,主动调整职业生涯规划,不断提升职业素养;另一方面,组织机构通过外部评估和激励,为教师的职业发展创造有利环境,提供必要的支持和引导。两种评估方式相互补充、相互促进,共同推动教师实现自我超越和不断成长。

在实践中,高校可以探索多种形式的自我评估与外部评估相结合的路径。例如,建立教师职业发展档案,记录教师在不同阶段的自我评估结果和外部评估数据,实现评估的系统化、常态化;开展教师职业生涯规划工作坊,引导教师开展自我评估,并邀请专家学者进行点评指导;完善教师绩效考核和职称评聘制度,将教师自我评估结果作为重要参考,并与外部评估结果相结合,形成更加科学、全面的评价机制。

二、高校教师职业发展路径规划

(一)教学路径

教学路径是高校教师职业发展的核心内容之一,对于提升教学质量、实现教师专业成长具有重要意义。在新时代背景下,高校教师应当立足教学规律,创新教学模式,不断优化教学路径,以适应新形势下人才培养的需要。

1.深化教学内容改革

传统的教学内容往往偏重理论知识的传授,与社会实践和学生需求脱节,难以激发学生的学习兴趣和主动性。因此,高校教师应当根据学科前沿动态和社会发展需要,及时更新教学内容,增加课程的深度和广度。同时,教师还应注重挖掘教学内容的思想性和时代性,引导学生树立正确的世界观、人生观和价值观,提升其思想政治素养和社会责任感。只有不断丰富教学内容,提高其针对性和实效性,才能为学生的全面发展奠定坚实的知识基础。

2.创新教学方法和手段

在信息技术快速发展的今天,传统的"满堂灌"式教学已经难以适应学生的认知特点和学习需求。高校教师应当主动拥抱新技术,充分利用多媒体、互联网等现代教育技术手段,创设生动、直观、互动的教学情境,调动学生的多重感官,提高教学的趣味性和参与度。同时,教师还应注重因材施教,根据学生的个体差异采取多元化的教学方法,如启发式教学、探究式教学、合作学习等,最大限度地发挥每个学生的潜能。唯有不断创新教学方法和手段,才能真正实现教学相长,提升教学效果。

3.加强实践教学环节

理论联系实际是马克思主义的基本原则,也是提高教学针对性和实效性的重要途径。高校教师应当充分利用社会实践资源,丰富实践教学内容和形式。通过引入案例教学、项目教学、现场教学等方式,引导学生将所学知识运用到实际问题的分析和解决中,培养其分析问题、解决问题的能力。同时,教师还应搭建产学研协同育人平台,为学生提供更多参与科研项目、创新创业实践的机会,提升其创新精神和实践能力。惟其如此,方能培养出适应社会发展需要的高素质应用型人才。

4.建立科学的教学评价体系

教学评价是教学工作的"指挥棒",对于引导教学行为、提高教学质量具有重要作用。传统的教学评价往往偏重结果评价而忽视过程评价,偏重定量评价而忽视定性评价,难以全面、客观地反映教师的教学效果和学生的发展状况。为此,高校教师应当转变评价理念,建立多元化的教学评价指标体系,将教学态度、教学方法、教学内容、教学效果等纳入评价范畴。同时,教师还应注重学生的自评与互评、过程性评价与终结性评价的有机结合,形成科学、合理的教学评价闭环,以评价促改进,以评价促发展。

(二)科研路径

在现代高等教育体系中,科研已经成为衡量教师学术水平和创新能力的关键指标。高校教师只有积极投身科研活动,不断拓展学术视野,提升研究能力,才能在日益激烈的学术竞争中立于不败之地。

高校教师开展科研工作,首先需要明确研究方向,选择适合自身学术背景和研究兴趣的课题。这既需要教师全面了解所在学科领域的前沿动态和研究热点,也需要教师审时度势,根据自身的学术积累和特长,找准研究切入点。选题应具有理论意义和实践价值,能够填补学科领域的知识空白或解决现实问题。同时,选题还应具有一定的创新性和挑战性,避免过于简单或重复他人研究。

在确定研究方向后,高校教师要制定严谨、可行的科研计划。这需要教师全面评估课题的难易程度,合理安排研究进度,明确阶段性目标。科研计划应包括文献综述、理论框架构建、研究设计、数据收集与分析、成果撰写等环节。每个环节都需要教师投入大量时间和精力,如广泛阅读文献资料,开展实地调研,运用恰当的研究方法,撰写高质量的学术论文等。科研计划的制定需要教师协调教学、科研、服务等各项工作,合理分配时间和精力,确保科研工作有序推进。

高校教师在科研过程中,应需要重视学术交流与合作。学术交流有助于教师拓宽研究视野,了解学科前沿,启发研究灵感。教师可以通过参加学术会议、研讨会等方式,与同行专家学者分享研究心得,探讨学术问题。学术合作则能够集聚优势资源,实现优势互补,产生"1＋1＞2"的协同效应。教师可以与本校其他学科的教师开展跨学科合作,也可以与其他高校、科研院所的教师开展校际合作,共同承担重大科研项目。学术交流与合作不仅能够提高科研效率和质量,也能够拓展教师的人脉网络,为职业发展创造更多机会。

此外,高校教师在科研过程中还需要重视科研伦理与学术诚信。科研工作必须恪守学术道德规范,坚持实事求是、客观公正的原则,避免学术不端行为。教师要尊重他人的研究成果,在引用他人观点、数据时注明出处,不得抄袭、剽窃他人成果。在合作研究中,要明确分工,互相尊重,共同享有研究成果。在处理研究数据时,要如实记录,不得篡改、伪造数据。在撰写学术论文时,要实事求是,不夸大研究成果,不隐瞒研究局限。

坚守科研伦理和学术诚信,是高校教师开展科研工作的基本要求,也是维护学术声誉、赢得社会尊重的必由之路。

(三)管理路径

在高校教师职业生涯发展中,管理路径是一个不可忽视的重要选择。与教学和科研相比,管理工作对教师的综合能力提出了更高要求,需要其具备卓越的领导才能、出色的沟通协调能力以及敏锐的战略思维。选择管理路径的教师不仅要承担教学和科研任务,还要肩负起学校各项事务的规划、组织和决策职责。这对教师的时间管理、压力管理和身心平衡都是巨大的挑战。

然而,管理路径也为教师职业生涯的发展提供了广阔的舞台。通过担任系主任、院长等管理职务,教师能够参与学校重大决策的制定,引领学科专业的建设与发展,推动教育教学改革的深化落实。这一过程不仅能够提升教师的管理能力和领导水平,更能让其在更高层面上实现自身价值,获得更大的职业成就感。

当然,并非所有教师都适合或者有意愿从事管理工作。教师在选择职业发展路径时,需要全面审视自身的兴趣爱好、能力禀赋和职业理想,权衡管理工作带来的机遇与挑战。对于有管理潜质和抱负的教师而言,学校应该提供必要的培训和锻炼机会,帮助其提升管理能力,为未来的管理角色做好准备。同时,学校还应完善管理人员的选拔和考评机制,为优秀教师的脱颖而出提供制度保障。

教师在从事管理工作的过程中,也要注重自身教学科研能力的维护和提升。卓越的管理者往往也是学科领域的引领者。只有以扎实的教学科研功底作为基础,教师才能在管理岗位上游刃有余、成竹在胸。因此,管理型教师要在繁重的行政事务之余,坚持教书育人、坚持科研创新,在实践中不断锤炼和完善自己的教育智慧和学术造诣。

三、高校教师职业生涯风险管理与应对策略

(一)风险识别与评估

高校教师职业生涯中的风险识别与评估是一个系统而复杂的过程,需要从多个维度进行综合考量。高校教师职业具有其独特性,如相对稳定的工作环境、明确的职业发展路径等,但同时也面临着诸多不确定因素的影响。这就要求教师在职业生涯规划中,必须树立风险意识,主动识别和评估潜在的职业风险,采取有效措施加以防范和应对。

从宏观层面来看,高校教师职业风险的识别需要立足教育事业发展大局,把握高等教育改革的时代趋势。当前,我国高等教育正处于内涵式发展的关键阶段,对教师的教学能力、科研水平提出了更高要求。同时,高校间竞争日益激烈,优秀人才的争夺也愈发激烈。在此背景下,教师如果不能紧跟时代步伐,不断提升自身综合素质,就有可能面临职业发展停滞、被淘汰出局的风险。因此,广阔视野、政策把握、战略思维,是识别和判断宏观层面职业风险的关键。唯有结合外部形势变化审时度势,统筹自身条件和高校战略需求,方能通盘考虑,未雨绸缪。

从中观层面来看,高校教师职业风险的识别还需紧密结合学科建设和专业发展需要。不同学科专业的发展速度、社会需求存在较大差异,这就决定了相关教师职业发展的广度和深度不尽相同。在传统优势学科领域,教师面临的职业竞争压力可能较小,但创新难度也相对较大;而在新兴、交叉学科领域,职业发展机遇与风险可能并存,关键看教师能否把握学科前沿动态,引领专业发展方向。因此,教师必须立足学科专业,围绕重点研究方向,梳理知识体系,明确能力提升路径,方能较为准确地判断自身的职业发展潜力和风险点所在。

从微观层面来看,高校教师职业风险的识别还应深入教学科研一线,关注学生和同行的反馈评价。授课质量、科研成果是衡量教师职业发展水平的重要指标。教师在日常教学科研工作中,要虚心听取学生的意见建议,全面诊断和评估自己的教学效果;要积极参与同行交流评议,博采众长,查漏补缺。学生的满意度、获得感,同行专家的认可度、影响力,都是教师识别潜在职业风险、找准改进提高方向的关键。尤其是高水平科研工程的顺利推进,往往对教师职业发展起到事半功倍的作用。因此,关注学生反馈、重视同行评价,精准聚焦教学和科研痛点堵点,才能为教师准确评估职业发展风险奠定坚实的微观基础。

(二)风险预防与控制

为有效预防和控制高校教师职业发展中的风险,需要建立科学、系统的风险管理机制。这一机制应包括风险识别、风险评估、风险预警、风险防控等多个环节,形成一个动态循环、持续改进的管理流程。

风险识别是风险管理的基础。高校应定期开展教师职业发展状况调研,全面收集教师在教学、科研、管理、服务等方面遇到的困难和问题,特别是那些可能演变为职业风险的隐患。这需要建立畅通的信息反馈渠道,如定期访谈、问卷调查、座谈会等,鼓励教师主动反映情况,及时发现和揭示风险。

在识别风险的基础上,还需要对风险进行科学评估。包括分析风险发生的可能性、影响程度、危害后果等,判断风险的等级和优先处置顺序。风险评估应遵循客观、公正的原则,运用定性和定量相结合的方法,力求全面、准确地反映风险状况。评估结果应形成风险报告,为后续的预警和防控提供决策依据。

风险预警是指根据风险评估结果,判断风险发生的可能性和危害程度,提出相应的预警信息和应对建议。预警信息应及时传递给相关责任主体,提高其风险意识和防范能力。同时,学校还应建立风险预警指标体系和监测机制,动态跟踪教师职业发展状况,一旦发现异常情况,及时启动预警程序。

风险防控是风险管理的核心环节。针对不同等级和类型的风险,学校应制定差异化的防控策略和应急预案。对于可能性小但后果严重的重大风险,要严格防控,完善制度机制,强化责任追究,坚决遏制风险萌芽;对于可能性大但危害轻微的一般风险,要及时化解,加强教育引导,消除风险隐患。总之,风险防控要做到有的放矢、标本兼治。

(三)风险管理的持续改进

持续改进是任何风险管理体系的重要组成部分,对于高校教师的职业发展风险管理亦是如此。随着教育环境的不断变化和教师角色的不断转变,原有的风险管理策略和方法可能难以适应新的挑战和需求。因此,高校和教师个人都应该树立持续改进的意识,不断优化和创新风险管理的理念、机制和路径。

1.转变风险管理的思维模式

传统的风险管理往往侧重事后的被动应对,关注点在于如何尽快消除已经发生的风险事件带来的不利影响。而持续改进的风险管理理念强调事前的主动防范,着眼于从根本上消除风险隐患,降低风险发生的概率。这就要求高校建立健全风险预警机制,通过大数据分析、情景模拟等手段,及时发现潜在的职业发展风险,并采取针对性的预防措施。同时,教师个人也应增强风险意识,主动收集与职业发展相关的信息,提高识别和防范风险的能力。

2.建立动态调整的风险管理体系

一方面,高校要根据教师职业发展的阶段特点和需求变化,及时修订完善各项管理制度和政策,为教师成长营造良好的制度环境。例如,针对青年教师学术能力不足的风险,可以制定有针对性的培养计划,并给予必要的经费和资源支持。另一方面,高校还要建立科学合理的绩效评估机制,客观公正地评价教师的工作表现,促进其不断进步。对于识别出的风险问题,要及时反馈给相关教师,帮助其查找原因,制定改进措施。

3.探索多元化的风险管理方式方法

在预防风险方面,高校可以定期开展职业生涯规划、压力管理等主题培训,帮助教师掌握必要的风险应对技能。对于已经出现的风险问题,高校要建立畅通的沟通渠道,鼓励教师寻求帮助和支持。必要时,可以引入第三方专业机构,为教师提供心理疏导、法律援助等服务。教师个人则要主动加强与同事、领导的交流,通过经验分享、集体备课等方式,共同探讨风险防范和化解的有效策略。

第二节　高校教师职业成长的阶段与特征

一、高校教师职业初期的适应与探索

(一)职业角色认知

职业角色认知是高校教师职业发展的起点和基础。从事教师职业,首先需要明确教师角色的内涵和外延,深刻理解教书育人的使命和责任。只有正确认识并内化教师角色,才能在职业生涯中不断完善自我,提升专业素养。

1. 理解教师职业的独特性

不同于其他职业,教师肩负着传道授业解惑的神圣使命。这不仅要求教师具备扎实的学科专业知识,更要求其具有高尚的道德情操和人格魅力。青年教师需要充分认识到,教师不仅是知识的传授者,更是学生健康成长的引路人。只有以身作则,为人师表,才能赢得学生的尊重和信任,实现教书与育人的有机统一。

2. 准确把握教师职业的广泛性

现代教育已经突破了传统的"一言堂"模式,呈现出开放、互动、多元的特点。这就要求教师不仅要关注课堂教学,还要积极参与教研科研、社会服务等方面的工作。青年教师应树立开放、合作的意识,主动与同事、家长、社区等各方建立联系,争取多方支持,拓展职业发展空间。同时,教师还应与时俱进,紧跟教育教学改革步伐,积极探索信息技术与教育教学的深度融合,不断创新教学模式和方法,提升教学效果。

3. 正视教师职业的复杂性

教育教学是一项充满挑战和不确定性的工作,需要教师具备应对复杂问题的能力。面对学生的个体差异、家庭背景的多样性、社会环境的快速变迁,教师必须学会辩证思考,全面权衡,灵活施教。这就要求青年教师加强学习,提升教育教学理论水平,锻炼驾驭课堂、观察学生、教学反思等实践能力,不断提高驾驭复杂教学情境的综合素质。

(二)教学技能提升

高校教师的教学技能提升关系到教学质量和人才培养效果,是其职业发展的重要组成部分。在职业初期,青年教师往往缺乏系统的教学理论指导和实践经验积累,面临着诸多挑战。为了尽快适应教学工作,提高教学水平,青年教师需要在多个方面下功夫。

1.加强教育教学理论的学习

扎实的理论基础是进行教学实践、改进教学方法的前提。教师应主动学习教育学、心理学等学科的相关理论,了解学生身心发展特点,掌握课程设计、教学组织、课堂管理等方面的基本原理和方法。通过理论学习,教师能够建立起科学的教学理念,在实践中做到有的放矢。

2.重视教学经验的积累

经验来源于实践,需要在教学一线、与学生互动中不断积淀。一方面,青年教师要虚心向资深教师请教,学习他们的教学智慧和心得体会。另一方面,要勇于尝试,在实践中探索行之有效的教学方法和技巧。教学工作是一个不断反思、不断改进的过程,只有乐于实践、善于总结,才能真正提升教学技能。

3.注重现代教育技术的应用

随着信息技术的迅猛发展,多媒体教学、在线课程、翻转课堂等新型教学模式和手段不断涌现。青年教师要主动学习和掌握这些技术,将其恰当地运用到教学实践中,以提高教学的针对性和有效性。现代教育技术不仅能够丰富教学内容、创新教学形式,更能激发学生学习兴趣,培养其自主学习能力。

4.优化教学方法

传统的"满堂灌"式教学已难以适应新时代学生的学习需求,教师应根据课程特点和教学目标,灵活采用启发式、探究式、讨论式等教学方法,变"教"为"导",充分调动学生学习的主动性和积极性。同时,教学方法的优化还要体现在对学生的关注和差异化指导上。教师要关注每一位学生的学习状态和进步情况,针对不同学生的特点,给予个性化的指导和帮助,促进其全面发展。

5.良好的师生关系

青年教师要尊重学生、平等对待学生,与学生形成良性互动。在教学过程中,教师要耐心倾听学生的想法,鼓励学生表达观点,营造民主、和谐的课堂氛围。同时,教师还要关心学生的生活和成长,在学业指导之外,给予其人生发展的引导和帮助,做学生的良师益友。

6.教学反思

反思是教师专业成长的"催化剂",是教学智慧积累的源泉。青年教师要养成及时总结、勤于反思的习惯。每次课后,要对教学过程进行回顾,梳理教学得失,思考改进策略。要虚心接纳学生的反馈,听取同行的意见建议,在反思中寻求突破和创新的契机。反思不仅能够提升个人的教学水平,更能推动整个教学实践的改革和创新。

(三)职业目标设定

职业生涯初期,年轻的高校教师往往面临着角色转换和环境适应的双重挑战。从学生到教师,从被教育者到教育者,这一身份转变需要一个逐步探索和成长的过程。在这个过程中,明确的职业目标设定至关重要。

它不仅为新教师指明了前进方向,更成为他们不断自我完善、积极进取的内在动力。

对于初入职场的高校教师而言,职业目标的设定应立足教学实践,着眼学生发展。一方面,新教师要尽快熟悉所教授学科的课程体系、教学内容和教学方法,不断提升自身的教学技能和水平。通过参加教学培训、听课评课、教学反思等途径,他们可以系统地学习教育教学理论,掌握科学有效的教学策略,从而更好地服务于学生的学习和发展。另一方面,新教师还应深入了解学生的特点和需求,因材施教,促进每一位学生的个性化成长。这就要求他们关注学生的认知水平、学习风格、兴趣爱好等,设计富有针对性和吸引力的教学活动,激发学生的学习热情,提高教学的实效性。

除了教学实践,高校教师的职业目标还应涵盖科研能力的提升和学术视野的拓展。科研与教学相辅相成,教师只有不断深化学科专业知识,紧跟学术前沿动态,才能以开阔的视野和扎实的学术功底引领学生成长。对此,青年教师要主动规划自己的学术生涯,积极申报科研项目,参与学术交流,在研究实践中锤炼科研能力,砥砺治学品格。同时,他们还应广泛涉猎相关领域的知识,加强跨学科的学习和对话,以更加宽广的学术视角审视教育教学问题,推动学科的交叉融合和创新发展。

青年教师还应将个人职业发展目标与学校、学科的整体发展目标相结合,增强责任感和使命感。作为高校教师,他们肩负着立德树人、教书育人的神圣职责。这就要求他们胸怀"为党育人、为国育才"的坚定信念,自觉将个人才智贡献给教育事业和国家发展。青年教师要主动融入学校发展的大局,积极参与教学研究和学科建设,为学校的内涵式发展贡献智慧和力量。这不仅有利于教师个人的专业成长,更能推动学校、学科的创新与进步,形成教师发展与学校发展的良性互动。

二、高校教师职业中期的稳定与发展

（一）教学经验积累

教学经验是教师的一笔宝贵财富，它是教师不断探索、实践和反思的结晶。高校教师在教学实践中积累的经验，不仅能够提高自身的教学水平和学术造课，更能为学生的全面发展提供有力支撑。教学经验的积累是一个循序渐进、日积月累的过程，需要教师在教学实践中不断探索和总结。

1.教学内容的不断优化和更新

随着科学技术的飞速发展和社会需求的不断变化，高校教师必须紧跟时代步伐，及时更新教学内容，使之与社会发展和学生需求相适应。这就要求教师要有敏锐的洞察力和前瞻性思维，能够准确把握学科前沿动态，将最新的研究成果和实践经验融入教学之中。同时，教师还要根据学生的认知特点和接受能力，对教学内容进行合理取舍和系统梳理，使之更加符合教学规律和学生成长规律。只有不断优化和更新教学内容，才能使教学始终保持活力和吸引力，激发学生的学习兴趣和探究热情。

2.教学方法的不断创新和改进

传统的"满堂灌"式教学模式已经难以适应新时代人才培养的需求，高校教师必须积极探索新型教学方法，提高教学的针对性和实效性。这就要求教师要善于总结教学实践中的成功经验，不断完善教学设计，优化教学流程，提高教学艺术和技巧。同时，教师还要注重现代信息技术与教学的深度融合，充分利用多媒体、网络等手段，创设生动、立体、互动的教学情境，提高教学的直观性和趣味性。只有不断创新和改进教学方法，才能真正调动学生学习的主动性和积极性，促进其知识、能力、品格的全面发展。

3. 教学反思和教学研究

高校教师要养成教学反思的习惯，及时总结教学得失，查找教学问题的原因，提出改进的策略和方法。这种反思不仅要立足课堂教学，更要延伸到课程设计、教材建设、实践教学等各个环节，形成全方位、多层次的反思体系。与此同时，教师还要积极开展教学研究，探索教育教学规律，解决教学实践中的重点、难点问题。通过教学反思和教学研究，教师能够不断提升教学理念，改进教学方法，优化教学评价，从而实现教学经验的升华和再造。

(二)科研能力提升

随着高校教师职业生涯的逐步发展，科研能力的提升成为职业中期阶段的一项重要任务。这不仅关系到教师个人的职业发展，更关系到学科建设和人才培养的质量。为了不断提升科研能力，高校教师需要在以下几个方面下功夫。

首先，高校教师要牢牢把握学科前沿动态，及时更新知识结构。当今学术界的发展日新月异，新的理论、方法和技术不断涌现。教师只有始终站在学科前沿，紧跟学术发展的步伐，才能在科研工作中抓住机遇、引领方向。这就要求教师要主动阅读国内外重要学术期刊，参加高水平的学术会议，与同行开展深入交流，从而开阔学术视野，激发创新灵感。

其次，高校教师要不断提高科研项目的申报和管理能力。科研项目是开展科研工作的重要载体，也是检验科研能力的重要标准。教师要熟悉各级各类科研项目的申报流程和要求，根据自己的研究方向和优势，择优申报，力争获得项目支持。在项目执行过程中，教师要严格遵循项目管理的规范要求,加强团队协作,合理调配资源,确保项目按期保质完成。

再次,高校教师要提高学术论文和专著的撰写能力。学术论文和专著是呈现科研成果、交流学术思想的重要方式,也是评价教师科研能力的重要依据。教师要全面掌握学术写作的基本规范,恪守学术诚信,提高论文的原创性和学术价值。同时,教师还要注重学术专著的策划和组织,系统阐述自己的学术观点,反映学科发展的新进展、新成果。

此外,高校教师要积极搭建科研合作平台,加强与国内外同行的学术交流。科研工作越来越呈现出合作化、网络化的趋势,个人单打独斗很难取得突破性进展。教师要主动"走出去",积极参与国内外学术机构的合作研究,为自己的科研工作注入新的活力。同时,教师还可以利用学术休假等机会,到国内外知名高校或科研院所进行访学交流,学习借鉴先进的科研理念和方法。

最后,高校教师要重视科研成果的转化和应用。科研成果只有转化为现实生产力,才能真正发挥其价值。教师要树立面向经济社会发展需求的科研导向,加强与地方政府、行业企业的合作,促进科研成果的转移转化。同时,教师还要注重科研成果在教学中的应用,将最新的研究进展和前沿动态融入课堂教学,激发学生的创新意识和科研兴趣。

三、高校教师职业高峰期的成就与挑战

(一)学术成果展示

高校教师在职业高峰期取得的学术成就,是其多年潜心研究、孜孜以求的结果。这一时期,教师们已经积累了丰富的教学经验和扎实的理论基础,能够在学术研究中推陈出新,产出高质量的科研成果。他们以敏锐的洞察力发现学科前沿问题,以严谨的治学态度探索未知领域,以创新的

思维方式提出独到见解，为所在学科的发展注入了新的活力。

学术成果的展示，不仅是高校教师个人学术水平的体现，更是学校学术实力的重要标志。许多教师在这一阶段产出了具有重大理论价值和应用价值的研究成果，如发表高水平学术论文、出版专著、获得科研奖项等。这些成果彰显了教师的学术造诣和创新能力，为学校赢得了良好的学术声誉。同时，这些成果也为教师的职业发展提供了重要支撑，使其在学术界获得广泛认可，并拓展了更广阔的发展空间。

取得学术成就并非一蹴而就，它需要教师付出大量的时间和精力。许多教师在这一阶段面临着繁重的教学和科研任务，需要在两者之间寻求平衡。他们常常牺牲休息时间，投入到实验室或图书馆中，埋头钻研专业领域的前沿问题。这种专注和投入，是学术成就的必要条件，也体现了教师对学术的执着追求和高度责任感。

学术成就的取得，不仅有赖于教师个人的努力，也离不开学校和团队的支持。许多高校为教师提供了优越的科研条件和学术环境，如先进的实验设备、丰富的图书资源、开放的学术交流平台等。同时，教师们通过与同行专家的交流合作，开阔了学术视野，激发了研究灵感。团队的力量，使得教师能够攻克更为复杂的科研难题，产出更高水平的学术成果。

学术成果的展示，不仅为高校教师带来了荣誉和认可，更重要的是，它为学科发展和社会进步做出了重要贡献。高校是知识创新的重要源头，教师们在这一阶段取得的原创性成果，推动了学科的革新和发展，为解决现实问题提供了新的思路和方法。同时，这些成果的应用和转化，也为经济社会发展注入了强大动力，产生了广泛而深远的影响。

（二）职业压力管理

高校教师职业高峰期面临着多重压力和挑战，如何有效管理这些压力，维护身心健康，是每一位教师都需要认真对待的问题。面对高强度的教学科研工作,教师往往难以实现工作与生活的平衡,长期处于高压状态下,极易引发身体不适和心理问题。同时,随着学术竞争日益激烈,教师们还要应对来自同行的压力,努力在科研领域取得突破性进展,这无疑加重了他们的负担。此外,高校教师还肩负着指导学生、服务社会等多重角色,需要在有限的时间和精力内兼顾多方面的工作,压力可想而知。

积极采取有效的压力管理策略,是高校教师在职业高峰期保持良好状态的关键。首先,教师要学会合理安排时间,在繁重的工作之余给自己留出充足的休息和放松的时间。适当的锻炼、冥想等方式能够帮助教师舒缓压力,恢复体力和精力。其次,与同事、朋友保持良性互动也是缓解压力的有效途径。通过与他人分享工作中的困扰和烦恼,教师能够获得情感支持和宝贵建议,从而更好地应对压力。再次,保持积极乐观的心态至关重要。教师要学会调整心态,把压力视为成长的动力而非阻碍。以开放的心态看待问题,多角度思考,必要时寻求专业的心理咨询,都是化解压力的有益尝试。

高校还应该为教师提供必要的支持和保障,营造良好的职业发展环境。合理的工作强度、完善的评价激励机制、人性化的关怀帮扶措施,都能够减轻教师的压力负担。例如,学校可以为教师提供灵活的工作时间,为其创造更多自主支配时间的机会;建立科学的教师评价体系,避免片面追求科研业绩而忽视教学质量;定期开展教师心理健康讲座,普及压力管理的相关知识。唯有学校和教师共同努力,才能营造良好的职业环境,助力教师在高峰期稳步前行。

四、高校教师职业后期的转型与延续

(一)退休规划

随着社会的不断发展和教育事业的日益进步,高校教师的退休规划已经成为一个不容忽视的重要议题。高校教师作为知识的传播者和学术研究的开拓者,在教书育人、服务社会的同时,也应该高度重视自身的职业生涯发展和晚年生活质量。科学合理的退休规划不仅关乎教师个人的幸福指数,更关系到高校人才队伍的可持续发展和学术事业的薪火相传。

1. 经济保障

作为职业生涯的最后阶段,退休后的生活质量在很大程度上取决于退休金的水平。目前,我国高校教师的退休金计发办法主要依据国家和地方政策,同时也与教师的职称、工龄等因素密切相关。为了确保退休后的经济安全,高校教师应当在职业生涯的早期就开始规划,多渠道增加收入来源,如承担横向课题、开展校企合作、从事社会服务等,为退休储备足够的经济基础。同时,高校和国家也应完善相关政策,建立与教师贡献相匹配的退休金计发机制,让教师安心工作、幸福退休。

2. 重视精神文化生活的构建

知识分子具有旺盛的精神文化需求,退休后闲暇时间大幅增加,如何合理安排、充实生活就成为一个现实课题。对此,高校教师可以在退休前就提前规划,培养广泛而持久的兴趣爱好,如阅读、写作、绘画、音乐、体育锻炼等,在丰富业余生活的同时,也能满足精神文化需求。退休后,教师还可以利用自身的学术积累和社会影响力,通过开展讲座、参与志愿服务等形式继续发挥余热、贡献社会。高校也应搭建平台,为退休教师的精神文化生活提供必要支持,如建立老年大学、开设特色课程、组织文体活动等。

3. 关注身心健康维护

随着年龄的增长,退休教师的身体机能逐渐下降,各种疾病的发生率也随之上升。对此,高校教师应在职业生涯中就养成良好的健康生活习惯,加强体育锻炼,定期体检,防患于未然。退休后,要合理膳食、规律作息,保持乐观心态,悉心呵护身心健康。同时,高校应加大对退休教师的关怀力度,定期组织健康查体,开设健康讲座,为其营造良好的身心健康环境。

4.纳入家庭因素的考量

家庭是每个人的坚强后盾,家庭关系的和谐与否直接影响到退休生活的幸福指数。为此,高校教师在职业生涯中就应注重经营家庭,培养感情,和睦相处,为退休后的美满生活奠定基础。子女教育也是不容忽视的重要内容,做好接班人的培养,既能减轻退休后的经济负担,又能增添生活的幸福感。退休后,教师还可以利用丰富的阅历和智慧,在家庭中发挥独特作用,为子女成长、孙辈教育贡献力量。

(二)继续教育

在职业生涯后期,继续教育对于高校教师的职业发展和角色转型具有重要意义。随着时代的发展和社会的进步,知识更新的速度日益加快,原有的专业知识和教学技能已经难以完全适应新形势下人才培养的需求。因此,高校教师必须通过继续教育,不断更新知识结构,提升教学能力,以保持职业竞争力和影响力。

从知识更新的角度来看,继续教育能够帮助高校教师及时了解本学科前沿动态,掌握最新的理论成果和研究方法。通过参加各类学术会议、培训班、讲座等活动,教师可以与同行交流切磋,开阔学术视野,启发创新思维。同时,继续教育还能够促进跨学科知识的融合,使教师形成更加系统、综合的知识体系。这不仅有利于教师个人的学术发展,也能够提升其指导学生科研和创新实践的能力。

从教学能力提升的角度来看,继续教育为高校教师提供了优化教学方法、改进教学艺术的机会。通过学习现代教育理论和信息技术,教师可以掌握先进的教学手段,设计出更加生动、互动、高效的课堂。例如,通过参加微格教学培训,教师可以系统地练习教学基本功,提高课堂组织和管理能力;通过学习信息化教学技术,教师可以利用多媒体、网络平台等工具,创新教学模式,激发学生学习兴趣。这些都将有助于教师适应"互联网十"时代教育教学改革的需求,不断提升教学质量和育人水平。

从职业发展和角色转型的角度来看,继续教育是高校教师实现自我超越、拓展职业空间的重要途径。通过进修学习,教师可以获得更高层次的学位证书,提升学历层次和学术地位;通过参加教学管理、科研管理等方面的培训,教师可以提高组织协调、行政管理等方面的能力,为承担更多的教学管理和科研管理职责做好准备;通过参与产学研合作项目,教师可以加强与企业、社会的联系,开拓横向课题和技术服务渠道,实现职业角色的多元化发展。

第三节　高校教师职业成长体系构建

一、高校教师职业成长的制度保障

(一)制度设计原则

制度设计是高校教师职业成长的重要保障,科学合理的制度能够为教师的职业发展提供明确的方向和有力的支撑,激发教师的内生动力,规范教师的职业行为,营造良好的成长环境。因此,高校在制定教师职业成长制度时,必须遵循一定的原则,确保制度的科学性、系统性和可操作性。

1. 体现以人为本的理念

教师是教育事业的主体,其职业发展需求和个性特点应该得到充分尊重和关注。制度设计要从教师的实际需求出发,为教师提供充足的专业发展机会和必要的资源支持,营造宽松、和谐的成长环境。同时,制度还应关注教师的情感体验和心理状态,注重人文关怀,增强教师的获得感和幸福感。

2. 遵循系统性原则

教师的职业发展是一个长期、持续、动态的过程,涉及教学、科研、社会服务等多个维度。制度设计要从整体上把握教师职业生涯各阶段的特点和规律,前瞻性地规划教师发展路径,提供阶梯式的成长平台。同时,制度还应注重各环节的衔接和配合,形成系统完整的制度体系,最大限度地发挥制度的引领和保障作用。

3. 符合科学性要求

教师职业发展是一项专业性、学术性很强的工作,需要遵循教育教学规律和人才成长规律。制度设计要以教育学、心理学、管理学等学科理论为指导,借鉴国内外先进经验,不断优化完善。同时,制度制定过程中要广泛听取专家学者和一线教师的意见建议,确保制度设计的专业性和可行性。

4. 具有一定的弹性和包容性

教师的职业发展是一个不断探索、持续优化的过程,难免会遇到这样那样的困难和挫折。制度设计应为教师的尝试和创新留有空间,宽容教师在发展中的失误和偏差,引导教师在反思中成长进步。同时,面对教育发展新形势、新需求,要及时调整完善相关制度,增强制度的灵活性和适应性。

(二)制度实施路径

制度的生命力在于执行,再好的制度,如果没有切实贯彻落实,也难以发挥应有效用。因此,高校要高度重视制度的组织实施,建立健全工作机制,完善配套措施。一方面,要加强制度的宣传解读,提高教师的认知认同,使其真正成为教师言行的内在准则。另一方面,要强化制度的监督考核,将制度落实情况纳入学校和院系绩效管理,形成有力的外部约束。同时,还要注重发挥教师的主体作用,通过教师参与制度的制定、实施、评估等环节,增强制度执行的针对性和有效性。

在制度实施过程中,高校要坚持问题导向,聚焦制约教师发展的瓶颈障碍,有的放矢地加以破解。针对高校普遍存在的科研与教学脱节、职称评聘"重学术研究、轻教学质量"等问题,要进一步创新考核评价和激励保障机制,建立科学合理的教师分类评价体系,健全教学质量与科研成果并重的多元认定标准,引导教师将更多精力投入教书育人实践。对教学业绩突出的教师,在职称评定、岗位晋升等方面给予适当倾斜,提高教学工作在教师考核中的比重。

二、高校教师职业成长的资源配置

(一)资金资源配置

资金资源是高校教师职业成长的重要物质保障。合理、充足的资金投入是推动教师专业发展的基础性条件。高校应根据教师发展需求,科学制定资金配置方案,确保资金的针对性和有效性。

从宏观层面看,高校应在编制预算时充分考虑教师发展的资金需求,将其纳入学校整体财务规划。在具体分配中,应统筹兼顾教学、科研、社会服务等各项事业的资金投入,既要保证教师日常教学工作的顺利开展,又要为教师参与学术交流、接受继续教育提供必要的经费支持。同时,高校还应积极拓展资金来源渠道,争取政府、企业、社会等多方力量的支持,为教师发展提供更为雄厚的资金保障。

从微观层面看,资金配置应突出重点,聚焦教师发展的关键领域和薄弱环节。例如,针对青年教师,高校可设立专门的科研启动基金,帮助其快速进入研究状态;针对骨干教师,则可加大对其参加国内外高水平学术会议、开展合作研究的资助力度,促进其不断拓展学术视野、提升创新能力。对于面临职业发展瓶颈的教师,高校应提供学历提升、国内外访学等进修机会,并提供相应的经费支持。

在资金配置的过程中,应坚持公开、公平、公正的原则。高校要建立健全资金管理制度,规范资金使用流程,提高资金使用效率。在资金分配中,要充分尊重教师主体地位,设置合理的申请条件和评审机制,鼓励教师积极参与,调动其职业发展的内生动力。同时,高校还应加强资金使用监督,建立科学的绩效评价体系,客观评估资金投入效益,确保每一分钱都用在刀刃上。

(二)人力资源配置

人力资源是高校教师职业成长的关键要素之一,合理配置人力资源,不仅能够为教师提供充足的发展机会和平台,还能够优化教师队伍结构,提升教学科研水平。因此,高校在推进教师职业成长的过程中,必须高度重视人力资源配置,采取切实有效的措施,为教师成长创造良好条件。

1.建立科学合理的教师聘用和晋升机制

在教师招聘过程中,要根据学校发展规划和学科建设需要,制定明确的岗位条件和任职资格,引进具有发展潜力和创新能力的优秀人才。同时,要完善教师职务晋升制度,建立以科研为导向、教学为基础、服务为辅助的综合评价体系,为教师提供公平竞争、脱颖而出的机会。通过优化聘用和晋升机制,不断优化教师队伍结构,激发教师的工作热情和进取精神。

2.加强青年教师的培养力度

青年教师是教师队伍的生力军,也是学校可持续发展的重要基础。高校要建立健全青年教师培养体系,为其提供系统化、针对性的培训和指导。一方面,要安排优秀的中青年骨干教师担任青年教师的导师,传授教学科研经验,帮助其尽快适应岗位角色;另一方面,要创造条件支持青年教师参加国内外学术交流、访学进修等活动,开阔视野,提升专业素养。通过多维度、全方位的培养,帮助青年教师快速成长,成为学校发展的中坚力量。

3.建立灵活多样的人才流动机制

当前,知识更新速度加快,学科交叉融合日益频繁,单一的人才培养模式已经难以适应时代发展需要。高校要打破编制和身份的束缚,探索实施人才联合培养、柔性流动等机制,促进不同学科、不同院校之间的人才交流与合作。同时,要积极引进国外和社会人才,大胆尝试跨界人才聘任,为教师注入新鲜血液。通过构建开放包容、富有活力的用人环境,为教师成长提供更加广阔的平台。

(三)物质资源配置

高校教师职业成长是一个系统工程,需要多方面的支持和保障。在诸多保障要素中,物质资源配置发挥着不可或缺的基础性作用。没有必要的物质条件作为支撑,教师的职业发展就会如同空中楼阁,难以落到实处。因此,高校应高度重视物质资源在教师成长中的重要地位,采取切实有效的措施,为教师的可持续发展提供坚实的物质基础。

1.加大教学科研经费的投入力度

充足的科研经费是教师开展学术研究、提升创新能力的重要前提。高校可以设立专项科研基金,鼓励教师积极申报各级各类科研项目,为其提供启动资金和配套支持。同时,还要建立科学合理的经费管理制度,确保资金使用的规范性和有效性。通过经费投入的倾斜,引导教师将更多精力投入到科研创新和学术探索中,不断拓展学术视野,提升学术水平。

2.完善教学科研基础设施建设

现代化的实验室、图书馆、数据库等是教师开展教学科研工作的重要载体。高校要加强这些基础设施的建设和更新,为教师营造良好的学习研究环境。例如,引进先进的实验仪器设备,订阅权威的学术期刊,购置最新的专业图书,建设高水平的学科实验室,等等。要让教师能够便捷地获取所需的学习资源和研究工具,为其教学科研工作提供有力支持。

3.改善教师的工作生活条件

舒适的办公环境、完备的生活设施,是保证教师全身心投入工作的重要前提。高校要积极改善教师的办公条件,提供独立的工作空间,配备必要的办公设备,营造安静舒适的工作氛围。同时,还要关注教师的生活质量,完善教职工住房、餐饮、医疗等方面的服务设施,解决他们后顾之忧。让教师感受到组织的关怀和支持,激发他们爱岗敬业、勇于奉献的工作热情。

4.建立多元化的福利保障机制

完善的福利体系是留住优秀教师、增强教师职业获得感的重要手段。高校可以根据自身实际,为教师提供有竞争力的薪酬待遇,完善住房补贴、子女教育、医疗保险等福利项目。鼓励教师参加国内外学术交流和访学进修,提供必要的经费支持。对在教学科研方面做出突出贡献的教师,还可以给予物质奖励,以资鼓励。多管齐下,让教师切身感受到职业发展的物质回报。

4.注重人文关怀,营造良好的职场氛围

物质激励固然重要,但更要重视精神层面的沟通和感化。领导干部要以身作则,率先垂范,与教师平等交流,倾听他们的意见和建议。要多为教师提供展示才华的平台,肯定他们的付出和贡献,增强他们的成就感和自豪感。同时,营造互帮互助、团结协作的职场氛围,让教师感受到组织大家庭的温暖,增强职业认同感和归属感。

三、高校教师职业成长的平台建设

(一)学术交流平台

学术交流平台是高校教师职业成长的重要载体,它为教师提供了展示教学科研成果、分享教育教学经验、开展学术探讨的重要舞台。在学术交流平台上,教师可以与同行切磋交流,了解学科前沿动态,拓宽学术视野,提升教学科研能力。同时,学术交流平台还有助于教师建立跨校、跨

地区、跨学科的合作网络,为教师的职业发展提供更多机遇和可能。

从教学实践层面来看,学术交流平台为教师提供了反思和改进教学的重要契机。通过参与教学研讨、经验分享等活动,教师可以系统梳理自己的教学实践,总结教学经验,发现教学问题,进而优化教学策略,改进教学方法。在这一过程中,教师不仅能够提升教学技能,更能深化对教育教学规律的认识,增强教学的针对性和实效性。

从科研发展层面来看,学术交流平台是教师开展科研合作、提升科研能力的重要阵地。通过参与学术会议、研讨会等活动,教师可以及时了解本学科的最新研究进展,把握学科发展动向。同时,教师还可以在交流中发现新的研究问题,获得新的研究思路和灵感,推动科研工作的深入开展。此外,学术交流平台还为教师提供了展示科研成果、扩大学术影响力的机会,有助于教师在学术界树立良好声誉,赢得更多合作机会。

从职业发展层面来看,学术交流平台是教师拓展人脉、获取资源的重要渠道。通过参与各类学术交流活动,教师可以结识不同领域、不同学校的同行,建立起广泛的人际网络。这些人际网络不仅能为教师提供学术支持和资源共享,更能为教师的职业发展提供助力。例如,教师可以通过学术交流平台获得访学、进修等机会,提升自身的学术造诣和综合素质。

(二)教学实践平台

教学实践平台是高校教师职业成长的重要载体,它为教师提供了锻炼教学能力、积累教学经验、展示教学风采的广阔舞台。在教学实践平台上,教师可以通过承担各类教学任务、参与教学研讨、开展教学研究等多种形式,不断提升教学水平,完善知识结构,拓展专业视野。

高校应着力构建多元化、多层次的教学实践平台,为教师搭建起理论与实践相结合、校内与校外相衔接、个人与团队相融合的成长通道。在课堂教学层面,高校应鼓励教师积极参与教学改革,探索新的教学模式和方法,努力打造精品课程。通过开展教学竞赛、教学观摩等活动,高校可以营造良性竞争、互学互鉴的教学氛围,激发教师的教学热情和创新动力。在实习实训层面,高校应加强与企业、行业的合作,为教师提供深入一线、参与实践的机会。通过指导学生实习实训,教师可以及时了解产业发展动向,更新专业知识,提高实践教学能力。在社会服务层面,高校应支持教师开展应用研究,参与技术开发和成果转化。通过服务社会,教师可以检验所学知识,积累实践经验,增强社会责任感。

高校还重视教学实践平台的科学管理和持续优化,建立健全教学质量监控体系,加强对教师教学过程的监督和评价,及时发现并解决教学中的问题。完善教师教学发展机制,为优秀教师提供更多施展才华的机会和平台。加强教学实践平台的资源整合和共享,促进不同学科、不同层次教师之间的交流合作。只有不断改进教学实践平台的建设和管理,才能为教师职业成长提供持久动力,推动教师队伍整体素质的提升。

四、高校教师职业成长的支持网络

(一)校内支持网络

校内支持网络在高校教师职业成长中发挥着重要作用。这一网络涵盖了教师发展中心、教学督导组、教研室等多个部门和组织,为教师提供全方位、多层次的支持与服务。

教师发展中心是高校教师职业成长的重要平台,它通过开展教学研讨、经验分享、专题培训等活动,为教师搭建交流互鉴的桥梁。在这里,教师可以分享教学心得,解决教学困惑,共同探讨教育教学改革的新思路、新方法。同时,教师发展中心还提供个性化的咨询指导服务,帮助教师制定职业发展规划,提升专业素质和教学能力。

教学督导组是高校教学质量监控与反馈的重要力量,它通过随堂听课、查阅教学文案、召开座谈会等方式,深入一线了解教师的教学情况。督导专家们以其丰富的教学经验和敏锐的洞察力,为教师诊断教学问题,提供改进建议。这种常态化的督导与反馈,有助于教师及时发现并纠正教学中的不足,不断优化课堂教学效果。

教研室是教师开展学术研究、进行教学研讨的基层单位,它为教师提供了一个相对固定、密切互动的学术共同体。在教研室内部,教师之间可以定期组织教学研讨活动,针对教学内容、教学方法等问题展开深入的探究与交流。尤其是青年教师,可以得到学科带头人、教学名师的耳提面命和悉心指导。这种"传、帮、带"的传统,有利于促进教学经验的传承,加快青年教师的成长步伐。

校内教师教学竞赛是激发教师教学热情、彰显教学能力的重要平台。它通过组织教师说课比赛、微课大赛、教学技能竞赛等活动,为教师搭建展示与切磋的舞台。在备赛与参赛的过程中,教师往往会投入大量的时间与精力钻研教学设计、打磨教学技能。这种短时间内的高强度训练,不仅能够切实提高教师的教学水平,更能生成标杆示范,带动整个教师队伍的教学能力提升。

教师教学沙龙是校内教师自发组织、定期开展的学习交流活动,教师们以兴趣为导向,以问题为中心,自由组合成不同的学习共同体。在沙龙活动中,教师之间互帮互学,分享彼此在教学实践中的新探索、新感悟。这种轻松愉悦、平等互动的氛围,有助于教师打开思路,激发灵感,在教学反思中获得新的专业生长。

(二)校外支持网络

校外支持网络在高校教师职业成长中发挥着至关重要的作用,它突破了学校物理边界的限制,为教师搭建起与外部资源互动交流的桥梁。

通过参与校外学术交流活动、与业界专家建立合作关系、加入专业学术组织等方式,教师能够接触到最前沿的学术思想和实践经验,开阔学术视野,提升专业素养。

1.校企合作

通过与企业建立紧密的合作关系,教师可以深入了解行业发展动态和人才需求,及时调整教学内容和方法,提高人才培养的针对性和实效性。同时,教师还可以参与企业的实际项目,锻炼实践能力,积累宝贵的一线工作经验。这些经历不仅能够丰富教师的知识储备,更能够增强其教学的说服力和感染力。

2.加入全国性或国际性的专业学术组织

全国性或国际性的专业学术组织汇聚了本领域的顶尖专家学者,定期举办高水平的学术会议和研讨会,是教师了解学科前沿动态、展示研究成果、寻求合作机会的理想平台。通过积极参与学术组织的活动,教师能够与志同道合的同行建立起长期、稳定的合作关系,形成跨校、跨地区的学术共同体,相互启发、相互促进,共同推动学科的发展。

3.通过新兴渠道拓展校外支持网络

教师可以通过在线学习平台、社交媒体等新兴渠道拓展校外支持网络。在线教育资源的爆发式增长,为教师提供了便捷、灵活的学习机会。教师可以利用慕课、微课等形式,随时随地学习名校名师的课程,掌握最新的教学方法和技术手段。而博客、微信公众号、学术社交网站等新媒体平台,则为教师提供了展示自我、分享见解、开展交流的新阵地。通过积极运营个人账号,教师能够树立学术品牌,扩大社会影响,吸引更多志同道合者的关注和互动。

第三章　心理健康发展对高校教师职业成长的影响

第一节　心理健康发展对高校教师职业满意度的影响

一、积极心理状态对提升高校教师职业满意度的作用

(一)积极心理状态的定义

积极心理学将个体的积极心理品质视为心理健康的重要内涵,强调对个体优势和潜能的开发,以促进其全面而健康的发展。从积极心理学的视角来看,积极心理状态不仅指情绪体验的愉悦,更体现在个体对生活的积极态度、对自我的正面认知以及良好的人际关系等方面。

1. 个体拥有积极乐观的生活态度

拥有积极乐观生活态度的个体对生活充满热情,对未来怀有希望,即使遇到挫折和困难也能保持乐观和坚韧,视挑战为成长的机会。这种积极的生活态度使个体能够更好地应对生活中的种种压力,化解消极情绪,维持身心健康。

2. 个体对自我的正面评价

拥有积极心理品质的个体往往自尊水平较高,对自己的能力有清晰

的认识,能够接纳真实的自我。他们相信通过努力可以实现自我提升,勇于面对并克服自身的局限,从而不断成长和进步。这种自我接纳和提升的心理品质是个体维持心理健康和激发潜能的重要基础。

3.积极的人际关系

心理健康的个体往往善于沟通和交往,乐于分享和助人,能够建立和维系和谐的人际关系。在这种积极的人际互动中,个体能够获得情感支持和心理满足,增强归属感和安全感,这对于缓解压力、提升幸福感具有重要意义。

4.个体在面对压力和挑战时表现出的心理韧性

心理韧性强的个体能够在逆境中保持乐观和希望,积极寻求解决问题的方法,化压力为动力,在挫折中学会成长。这种良好的心理调节和适应能力是积极心理品质的集中体现,对于个体的心理健康和全面发展至关重要。

(二)积极心理状态对职业满意度的影响

1.认知层面

从认知层面来看,积极心理状态能够帮助教师建立起积极的工作态度和职业认同。拥有积极心理状态的教师往往能够更全面、更客观地认识自己的工作,充分认识到教书育人的意义和价值。他们将教学工作视为实现自我价值的重要途径,而非单纯的谋生手段。这种积极的认知评价有助于提升教师的工作热情和责任心,进而增强其职业满意度。

2.情感层面

从情感层面来看,积极心理状态能够帮助教师调节情绪,保持乐观开朗的教学状态。面对教学工作中的困难和挫折,积极心理状态较高的教师更善于自我调节,善于从积极的角度看待问题。他们不会轻易被暂时的失败打倒,而是能够保持乐观自信的情绪,从容应对各种挑战。同时,积极的情绪状态也会感染学生,营造出轻松愉悦的课堂氛围,提升师生互动的质量。情绪的良性循环不仅有利于教师身心健康,也能增强其获得感和幸福感,从而提升职业满意度。

3.行为层面

从行为层面来看,积极心理状态能够激发教师的内在动机,推动其不断进取、追求卓越。拥有积极心理品质的教师往往有着较强的成就动机,他们渴望通过不懈努力实现自我价值,并从中获得成就感和满足感。在这一动机的驱动下,教师会主动投身教学改革,积极开展教学研究,不断更新知识结构,优化教学方法。通过自主学习和创新实践,教师的教学能力和专业素养得到持续提升,教学效果也会显著改善。优异的工作表现无疑能够带来更多的成就体验,从而大大增强教师的职业满意度。

二、职业满意度与高校教师工作投入度的关系

(一)工作投入度的定义

工作投入度是指员工在工作中的投入程度,它反映了员工对工作的热情、专注和奉献精神。高度的工作投入不仅有助于提升员工的工作绩效,更能激发其内在潜能,实现自我价值。从心理学的角度来看,工作投

入度与员工的内在动机密切相关。当工作能够满足员工的兴趣爱好、价值追求和自我实现需求时,他们就会产生强烈的内在动机,全身心地投入到工作中。这种由内而发的工作热情和责任感,是工作投入度的重要来源。

同时,工作投入度还受到工作环境和组织文化的影响。一个积极向上、充满活力的工作氛围能够感染和激励员工,提升其工作投入度。而民主、开放、信任的组织文化则有利于营造和谐的人际关系,增强员工的归属感和认同感,从而提高其工作投入度。相反,如果工作环境压抑、组织文化封闭,员工就难以产生工作热情,其投入度也会大打折扣。

此外,领导方式和管理策略也是影响工作投入度的重要因素。变革型领导通过愿景激励、个性化关怀等方式,唤醒员工的使命感和责任感,激发其工作热情。而授权式管理则通过赋予员工更多自主权和决策权,满足其自我效能感和成就感,提升其工作投入度。反之,如果领导方式专制、管理策略僵化,员工就会感到压抑和失落,其工作投入度必然下降。

从工作特征的角度来看,富有挑战性、创新性和意义感的工作更能激发员工的投入热情。当工作任务具有一定的难度和新颖性,能够充分发挥员工的聪明才智时,员工就会全情投入,乐此不疲。而当工作本身承载着崇高的使命和价值追求,如教师的"传道授业解惑"、医生的"悬壶济世"时,员工更会怀着神圣的职业使命,倾心尽力地工作。相比之下,单调重复、缺乏意义的工作则难以调动员工的积极性,其投入度也就无从谈起。

(二)职业满意度与工作投入度的关联

职业满意度和工作投入度是密切相关的两个概念,二者相互影响、相互促进。一方面,较高的职业满意度能够激发员工的工作热情,促使其全身心地投入工作;另一方面,高度的工作投入也有助于提升员工的职业满意度,形成良性循环。事实上,诸多实证研究已经证实了这一关联。

　　具体而言,职业满意度主要指员工对自己工作的整体感受和情感态度,是一种主观性的心理体验。它受到工作本身特点、工作环境、人际关系、薪酬待遇等多重因素的影响。当员工的职业期望与实际工作状况相符合时,他们就会产生较高的满意度;反之,当现实与期望存在较大落差时,职业满意度就会降低。而工作投入度则反映了员工在工作中的专注程度和付出程度。它不仅包括行为层面的投入,如工作时间、工作强度等,更涉及认知和情感层面的投入,如对工作的关注度、责任心和使命感等。

　　从心理学视角来看,职业满意度是影响工作投入度的重要因素。根据期望理论,当员工对工作感到满意时,他们会对组织和工作产生更多的情感依附,从而表现出更高的忠诚度和敬业度。同时,满意的员工也会主动寻求工作意义,积极应对工作挑战,在克服困难、取得成就的过程中获得更多成就感和自我价值感。这种积极的心理状态无疑会提升其工作投入水平。相反,当员工对工作不满意时,他们很可能采取消极应对策略,表现出逃避、懈怠、敷衍等行为,导致工作投入度下降。

　　从管理实践来看,提高员工的职业满意度是激发其工作热情、促进其全身心投入的有效途径。为此,高校管理者应着力营造良好的工作环境,为教师提供施展才华的平台和实现自我价值的机会。同时,还应完善薪酬激励机制,建立科学合理的绩效评价体系,让教师的付出得到应有的物质和精神回报。此外,营造民主、平等、融洽的组织氛围,加强领导关怀和同事支持,也有助于增强教师的归属感和幸福感,提升其职业满意度和工作投入度。

　　工作投入度的提高,反过来也会强化职业满意度。当员工全身心地投入工作时,他们会更加关注工作过程本身,从解决问题、突破瓶颈、创造价值中获得更多成就感和满足感。持续的工作投入还能帮助员工建立起较强的胜任感和自我效能感,使其在面对困难和挑战时表现出更多韧性和创造力。这些积极体验必然会提升员工对工作和职业的整体评价,增强其职业认同感和满意度。由此,职业满意度与工作投入度形成了互为因果、相互促进的正向循环。

(三)提升工作投入度的方法

1.树立正确的职业价值观

教师应该明确教书育人的崇高使命,把教学工作放在首要位置,勤恳尽责、一丝不苟。同时,要树立终身学习的理念,不断学习新知识、新技能,跟上学科发展的步伐。此外,教师还应该树立科学的教学观和学生观,以学生为中心组织教学,注重培养学生的创新精神和实践能力。只有确立了正确的职业价值观,教师才能保持高昂的工作热情,全身心地投入到教育教学工作中。

2.合理的工作压力

适度的工作压力能够激发教师的工作动机,使其保持良好的工作状态。但是,过大的工作压力则会导致教师产生职业倦怠,降低工作投入度。因此,高校应该合理设置教学任务和科研任务,避免给教师带来过重的工作负担。同时,要完善绩效考核和激励机制,根据教师的工作表现给予相应的物质和精神奖励,增强教师的获得感和成就感。

3.良好的工作环境和人际关系

舒适的办公环境、先进的教学设施能够为教师创造良好的工作条件,使其更加专注于教学工作。和谐融洽的同事关系、民主互信的师生关系能够营造积极向上的工作氛围,激发教师的工作热情。因此,高校应该加强校园环境建设,改善教师的工作条件。同时,要注重人文关怀,关心教师的身心健康,组织丰富多彩的文体活动,缓解教师的工作压力。

4.教师自身的职业能力

职业能力包括教学能力、科研能力、沟通能力等,是教师胜任工作岗位、完成工作任务的基础。职业能力越强,教师就越能够游刃有余地应对教学工作中的各种挑战,从容自如地完成教学任务,自然而然地沉浸到工作状态中。反之,职业能力的不足则会使教师在工作中感到力不从心,产生挫折感和无力感,难以保持高水平的工作投入度。因此,教师要加强自身能力建设,通过参加培训、进修等方式提升教学科研水平,增强职业能力,为保持高水平的工作投入度奠定基础。

三、基于心理健康干预的高校教师职业满意度提升策略

(一)干预策略的实施步骤

心理健康干预策略的实施步骤需要遵循科学性、系统性和可操作性的原则。首先,心理健康干预策略的制定应当立足于扎实的理论基础和实证研究。通过深入分析高校教师职业满意度的影响因素,明确心理健康问题的表现形式和负面影响,才能针对性地设计出行之有效的干预措施。同时,这些措施还应当符合教育心理学、发展心理学等学科的基本规律,切合高校教师的职业特点和心理需求。

其次,心理健康干预策略的实施应当遵循系统性原则,采取多维度、多层次、多主体协同推进的方式。从维度上看,干预策略既要关注高校教师的认知、情绪、行为等心理层面,也要重视其生理健康、人际关系、工作环境等外部因素。从层次上看,干预策略应当兼顾普适性和针对性,既有面向全体教师的普惠式心理健康教育,也有针对特定群体(如青年教师、

临床教师等)的专项干预计划。从主体上看,干预策略的实施需要学校、家庭、社会等多方协同发力,形成合力。学校应当成立专门的心理健康服务机构,配备专业的心理咨询师和辅导员。家庭成员要学会换位思考,给予教师更多理解和支持。社会各界也应营造尊师重教的良好氛围,减轻教师的心理压力。

最后,心理健康干预策略的实施必须具有可操作性,明确干预的具体流程和评估标准。可操作性首先体现在目标设定上,干预策略要根据教师的实际需求,提出明确、具体、可衡量的心理健康目标,如改善职业倦怠状况,提升情绪管理能力等。其次,可操作性还要求干预策略在实施步骤上力求精准化、规范化,制定科学合理的工作流程,明确分工、职责和时间节点。例如,对于识别出的心理问题个案,要及时建立档案,制定个性化的帮扶计划,落实一对一的咨询辅导,定期评估干预效果。可操作性还表现在资源保障上,学校要为心理健康干预提供必要的人力、物力和财力支持,确保政策落地见效。

(三)干预效果的评估标准

干预效果的评估标准是心理健康干预实施过程中不可或缺的重要环节,科学、合理的评估标准不仅能够全面、客观地反映干预措施的有效性,更能为后续干预方案的优化完善提供可靠依据。设计评估标准时,要立足干预的核心目标,围绕高校教师职业满意度提升这一主题,从认知、情感、行为等多个维度入手,构建具有针对性、适切性的评估指标体系。

认知层面的评估指标可以包括高校教师对职业的认同感、自我效能感等,可以通过问卷调查、访谈等方式,了解教师在接受干预后是否形成了更加积极正面的职业认知,对自己的工作能力是否更有信心。情感层面的评估指标则侧重于考察教师的情绪状态、心理体验。研究者可以运用情绪量表、心理测验等工具,评估教师在干预过程中和干预后的情绪变化,以及主观幸福感的提升情况。

行为层面的评估指标主要关注教师在工作中的实际表现,可以通过教学观察、同事评价等方式,考察教师是否表现出更高的工作热情和投入度,教学效果是否有所改善,与学生、同事的互动是否更加积极正面。同时,行为层面的评估还应涵盖教师参与学校事务、承担社会责任等方面的表现,以评估其职业行为的全面性和延展性。

除了多维度的评估指标外,设计干预效果评估标准还要注重评估的科学性和可操作性。评估方案要经过严格的信效度检验,确保评估工具的测量稳定性和一致性。评估过程要遵循循证原则,根据实证数据进行分析和推断,尽量排除主观臆断和偏颇。评估结果要以通俗易懂的方式呈现,便于教师和管理者理解和应用。

第二节　心理健康发展对高校教师职业倦怠的影响

一、心理健康状态与高校教师职业倦怠的关联性

(一)心理健康状态的影响

心理健康状况对高校教师职业倦怠具有重要影响。健康的心理状态是教师有效履行教学职责、保持工作热情的前提。反之,心理问题则可能诱发或加剧职业倦怠。从生理层面来看,长期处于焦虑、抑郁等负性情绪状态会损害教师的身体健康,导致疲劳、失眠等症状,进而影响工作效率和教学质量。

从认知层面来看,心理问题会扭曲教师对工作的理解和态度。消极的自我认知,如自我效能感降低、对个人能力缺乏信心等,会削弱教师的

职业使命感和责任心。同时,悲观的工作认知,如将教学视为负担、怀疑教书育人的意义等,也会加速职业倦怠的形成。

从情感层面来看,积极的情绪体验是教师工作的重要动力。心理健康的教师更容易获得职业幸福感和满足感,从教学相长中收获快乐。相反,心理问题会蒙蔽教师的情感世界,压抑积极情感,使其难以感受教育工作的乐趣和意义。

从行为层面来看,良好的心理状态有助于教师采取积极的应对策略,合理调节压力,保持工作与生活的平衡。而心理问题则可能导致教师采取消极、逃避的方式,漠视自我,放任倦怠恶化。

(二)心理健康与职业倦怠的互动

心理健康与职业倦怠之间存在着复杂而微妙的互动关系。一方面,教师的心理健康状况直接影响着其是否容易陷入职业倦怠。当教师长期处于负性情绪状态,如焦虑、抑郁、失落等,其工作热情和教学效能都会大打折扣,逐渐丧失教书育人的动力和信心,进而加剧职业倦怠感。相反,拥有积极乐观的心态、良好的情绪管理能力和自我调节能力的教师,往往能更好地应对工作压力,保持昂扬向上的精神状态,在教学中传递正能量,从而远离倦怠的困扰。

另一方面,长期的职业倦怠也会对教师心理健康产生消极影响。当教师感到身心俱疲、无力承担繁重的教学任务时,职业倦怠就会悄然而至。而这种倦怠感一旦形成,就会反过来侵蚀教师的身心健康,造成情绪低落、自我怀疑、人际疏离等一系列心理问题。久而久之,教师的心理防线被逐步击溃,陷入职业倦怠和心理问题的恶性循环之中。

(三)心理健康改善对职业倦怠的缓解

心理健康状态是高校教师职业倦怠的重要影响因素,良好的心理健康不仅能够提升教师的工作热情和教学效能,还能够有效缓解职业倦怠带来的负面影响。相反,心理健康问题则会加剧职业倦怠的风险,导致教师工作绩效下降,甚至影响身心健康。因此,高校应积极采取措施,改善教师的心理健康状况,为预防和干预职业倦怠提供有力支撑。

从个体层面来看,教师应主动加强心理健康意识,学习掌握自我心理调适的方法。面对工作压力和挑战,教师要学会合理释放情绪,保持乐观积极的心态。同时,教师还应注重自我成长,不断充实专业知识,提升教学科研能力,增强职业自信心和获得感。此外,教师应积极参与各类培训和交流活动,拓宽视野,获取更多的社会支持,缓解心理压力。只有教师自身具备良好的心理素质和应对能力,才能更好地投入工作,远离职业倦怠的困扰。

从组织层面来看,高校应建立完善的心理健康服务体系,为教师提供必要的心理支持。一方面,高校可以开设心理健康教育课程,普及心理健康知识,帮助教师及早识别和应对心理问题。另一方面,高校应配备专业的心理咨询师,为有需要的教师提供个性化的心理辅导服务。同时,高校还应营造关爱、支持的工作氛围,加强人文关怀,组织丰富多彩的文体活动,缓解教师的工作压力,提升教师的归属感和幸福感。惟有构建起多层次、全方位的心理健康服务网络,才能从根本上改善教师的心理健康状况。

从社会层面来看,全社会应加强对教师群体的关注和支持,营造尊师重教的良好氛围。一方面,社会各界应充分认识教师职业的特殊性和重要性,给予教师更多的理解、信任和支持。另一方面,相关部门应完善教师权益保障机制,改善教师的工作条件,提高教师的社会地位和经济待遇。同时,媒体应加强正面宣传,塑造教师的良好社会形象,引导全社会形成尊师重教的共识。只有全社会共同努力,为教师构筑起强大的外部支持系统,才能从源头上预防和缓解教师职业倦怠问题。

二、高校教师职业倦怠的心理机制分析

(一)倦怠的心理成因

1.自我效能感的缺失

从个体心理层面来看,自我效能感的缺失是导致倦怠的重要原因。自我效能感是指个人对自身能力的主观评价和预期,它直接影响个人面对困难和挑战时的心理状态。当高校教师对自己的教学能力和科研水平缺乏信心,觉得无法达到自我或外界的期望时,就容易产生无力感和挫败感,进而滑向倦怠的深渊。

2.职业认同感的丧失

职业认同感源于个人对职业的情感依恋和价值认可,是教师教书育人、无私奉献的动力所在。然而,当教师日复一日地重复着教学科研工作,却感受不到其中的意义和价值时,他们的职业认同感就会逐渐流失。久而久之,教师可能会对自己的工作失去兴趣和热情,产生倦怠情绪,难以投入教学科研的深水区。

3.不合理的成就归因

。成就归因是指个人将自己的成败得失归结为某些原因的心理倾向。在教学科研工作中,一些教师习惯于将成功归因于外部因素(如学生基础好、科研项目立项少等),而将失败归因于自身能力的不足。这种归因方式会削弱教师的自我效能感和自尊心,加剧其心理失衡,为倦怠的滋生创造条件。久而久之,教师可能会用消极悲观的态度看待自己的工作,

丧失改变现状的信心和动力。

4.压力应对不当

面对教学、科研、管理等方面的重重压力,不同教师的应对方式存在很大差异。一些教师能够积极应对,调整心态,寻求支持,化压力为动力;而另一些教师则消极退缩,用逃避、推卸等方式来躲避压力,结果适得其反,压力不减反增,倦怠症状日益加重。可见,高校教师应对压力的态度和策略直接影响其心理健康状况,压力管理能力的缺失是导致倦怠的重要心理因素。

(二)倦怠的心理后果

职业倦怠的心理后果不容忽视,它对教师个人发展和教学工作都会产生深远影响。从个人层面来看,职业倦怠会导致教师情绪低落、自我效能感降低,长此以往可能引发抑郁、焦虑等心理问题。职业倦怠还会削弱教师的工作动机,降低其对教学工作的投入度和责任心,最终影响教学质量。同时,倦怠的教师往往难以保持积极乐观的心态,这种消极情绪也会潜移默化地影响学生,不利于营造良好的师生关系和课堂氛围。

从教学工作层面来看,职业倦怠会导致教师教学行为的改变。倦怠的教师可能会采取简化教学内容、降低教学要求等消极应对策略,敷衍了事,缺乏教学热情和创新意识。这不仅影响了教学效果,也违背了教书育人的初心和使命。此外,职业倦怠还会削弱教师的团队协作意识和组织认同感,不利于学校的健康发展。倦怠的教师往往缺乏参与教学研讨、集体备课等教研活动的积极性,难以与同事建立良好的合作关系,甚至可能因消极情绪而影响团队氛围。

从心理机制来看,职业倦怠对教师认知、情感、意志等心理过程都会产生消极影响。在认知方面,倦怠的教师可能会对自己的教学能力和成就产生怀疑,陷入自我否定的认知困境。在情感方面,职业倦怠会导致教师情绪波动加剧,容易产生烦躁、失落等负面情绪。在意志方面,倦怠会削弱教师的自我控制能力和抗压韧性,面对教学困难和挫折时更易产生逃避、放弃等消极应对。这些负面的心理状态如果得不到及时疏导,会进一步加剧职业倦怠,形成恶性循环。

职业倦怠的心理后果具有隐蔽性和累积性,许多教师在倦怠初期可能还能勉强维持正常的教学工作,但随着时间推移,倦怠状态会不断加深,负面影响会逐渐显现并扩大。这就要求我们要提高对教师职业倦怠的重视程度,加强心理健康教育和疏导,为教师提供必要的情感支持和压力缓解渠道。只有关注教师的身心健康,满足其心理需求,才能从源头上预防和缓解职业倦怠,保障教师的职业幸福感和教学质量。

三、心理健康问题加剧职业倦怠的风险因素

(一)高压工作环境

高压工作环境可能是高校教师职业倦怠的一个重要诱因。许多高校教师面临着繁重的教学任务、科研压力和行政事务,长期处于高强度的工作状态。这种持续的压力不仅会消耗教师的身心能量,还可能导致情绪耗竭、去个性化等职业倦怠症状的出现。

从教学工作来看,高校教师需要承担大量的课程教学任务,备课、上课、批改作业、辅导学生等工作占据了大部分时间和精力。同时,为了提高教学质量,教师还需要不断更新教学内容,改进教学方法,这对教师的专业能力和创新意识提出了更高要求。面对如此繁重的教学工作,教师很容易感到疲惫不堪,甚至出现情绪低落、教学热情下降等倦怠表现。

在科研方面,高校教师面临着巨大的学术竞争压力。为了在学术领

域取得突破,教师需要投入大量时间和精力开展科研工作,撰写论文,申请项目。科研工作不仅要求教师具有扎实的理论基础和创新能力,还需要其具备良好的团队合作精神和沟通协调能力。高强度的科研工作不仅会占用教师的业余时间,影响其工作生活平衡,还可能因为研究进展缓慢、论文发表受阻等原因而给教师带来巨大的心理压力,加剧职业倦怠感。

除了教学和科研,高校教师还需要承担许多行政事务,如参加各种会议、完成文书工作等。这些事务性工作虽然与教学科研无直接关系,但却占用了教师宝贵的时间和精力,加重了其工作负担。长此以往,教师很容易对行政工作产生厌倦情绪,进而影响工作热情和教学科研质量。

高压工作环境不仅会直接导致高校教师职业倦怠,还会通过影响教师的生理和心理健康,间接加剧倦怠状态。长期处于高压工作状态下,教师的身体健康状况可能会受到影响,如出现失眠、头痛、肠胃不适等症状。这些生理上的不适会进一步削弱教师的工作能力,加重其职业倦怠感。此外,高压工作环境还可能给教师带来焦虑、抑郁等负性情绪体验,这些心理问题如果得不到及时疏导和干预,很容易演变为严重的职业倦怠。

(二)社个人心理脆弱性

心理脆弱性指个体在面对压力和挑战时,缺乏必要的心理资源和应对能力,容易产生消极情绪和不良反应。具有心理脆弱特质的教师,往往自我效能感低,情绪调节能力差,容易感到无助和绝望,进而加剧职业倦怠的发生。

从人格特质来看,一些内向、悲观、神经质倾向较高的教师更容易陷入职业倦怠的困境。这类教师通常对外界压力和挫折缺乏足够的心理承受力,容易产生焦虑、抑郁等负性情绪,难以从压力中获得缓解和恢复。同时,他们往往自我要求过高,完美主义倾向明显,对自己的工作表现难以满意,长期处于自我怀疑和内疚的负面情绪中,心理能量逐渐耗竭。

从应对方式的失衡来看,一些教师习惯于采取消极、回避的应对策略,在遇到困难和挫折时选择逃避,而非积极寻求解决方案。他们缺乏表达诉求、寻求支持的意识和能力,将压力和负面情绪积压在内心,无法获得及时疏导,久而久之,心理防线被逐步击溃,进而出现情绪衰竭、去个性化等职业倦怠症状。

从自我认知的偏差来看,一些教师对自我能力和价值的评估过于消极,总是将失败归咎于自身能力的不足,而忽视外部因素的影响。他们难以从成功经验中获得自信和动力,却对负性事件保持高度敏感,容易对未来产生悲观预期,丧失了应对逆境、战胜困难的信念。久而久之,他们可能对教学工作失去热情,产生无力感和倦怠感。

此外,心理脆弱教师往往缺乏必要的自我调适能力。面对繁重的工作任务和复杂的人际关系,他们难以及时调整心态,缓解心理压力。长期处于紧张、焦虑的状态,身心俱疲,难以投入到教学工作中,教学效能下降,进一步加剧了倦怠感。同时,这些教师往往不善于主动寻求帮助,与他人分享困扰,缺乏必要的社会支持系统,使得负面情绪难以释放,心理状况雪上加霜。

四、基于心理健康的高校教师职业倦怠预防

(一)心理健康教育

心理健康教育是促进高校教师职业发展、预防职业倦怠的重要途径。随着高等教育事业的快速发展,高校教师面临的心理压力日益增大,职业倦怠问题日益凸显。职业倦怠不仅影响教师的身心健康和工作绩效,更会对学生的学习和成长产生负面影响。因此,加强心理健康教育,提升教

师心理素质,已成为高校教师职业发展的迫切需求。

首先,心理健康教育要帮助教师正确认识职业倦怠,理解其成因和表现。许多教师对职业倦怠缺乏足够的认识,将其视为正常的工作压力,忽视了倦怠对身心健康的危害。心理健康教育要引导教师客观分析职业倦怠的症状,如情绪耗竭、去个性化、低成就感等,认识到倦怠不是个人的问题,而是工作环境和个人因素共同作用的结果。只有正视问题,才能积极寻求应对之策。

其次,心理健康教育要帮助教师掌握自我调适的方法和技能。面对职业倦怠,许多教师感到无助和绝望,不知如何缓解压力,调节情绪。心理健康教育要传授科学有效的应对策略,如合理管理时间、改善人际关系、培养业余爱好等,帮助教师在工作和生活中找到平衡点。同时,还要指导教师掌握放松训练、自我对话等心理调适技能,提高情绪管理和问题解决能力,增强抗压能力和心理韧性。

再次,心理健康教育要营造支持性的工作环境和氛围。职业倦怠不仅源于个人,更源于组织环境的影响。心理健康教育要倡导以人为本的管理理念,关注教师的需求和感受,为其提供必要的支持和关怀。学校要完善职业发展通道,为教师创造成长机会;优化绩效考核制度,减轻不必要的工作压力;加强人文关怀,组织丰富多彩的文体活动,缓解工作压力,增进彼此了解。良好的组织氛围能够满足教师的归属感和价值感,是预防职业倦怠的重要保障。

此外,心理健康教育要发挥朋辈支持和互助的作用。相较于专业心理咨询,同事之间的交流分享往往更容易被教师接纳。心理健康教育要搭建教师交流平台,营造互帮互助的团队文化,鼓励教师彼此倾听,分享经验,共同成长。朋辈支持不仅能缓解情绪压力,还能提供问题解决的新思路和方法,增强教师应对职业倦怠的信心和勇气。

最后,心理健康教育要加强专业化、制度化建设。随着职业倦怠问题的日益凸显,单纯依靠教师的自我调适已难以满足需求。心理健康教育要建立专业化的教师心理服务体系,配备专职心理健康教育人员,定期开展心理健康讲座、训练和咨询辅导,及时发现和干预职业倦怠问题。同时,要将心理健康教育纳入教师培训和考核体系,为教师参与相关活动提供制度保障,形成全员参与、多方联动的工作机制。

(二)心理支持系统

面对日益严峻的心理健康挑战,高校必须采取多方面措施,为教师营造良好的心理环境,提供全方位的心理服务。这不仅关乎教师个人的身心健康,更关乎高等教育事业的可持续发展。

1.建立专业化的心理咨询服务

高校应配备专业的心理咨询师,为教师提供个体化的心理辅导。通过倾听教师的困扰,分析问题症结,心理咨询师可以帮助教师疏导情绪压力,找到应对挑战的策略和方法。同时,高校还可以开设心理健康讲座、工作坊等形式多样的心理健康教育活动,普及心理健康知识,提升教师心理调适能力。

2.营造互助友好的工作氛围

良好的人际关系和社会支持能够有效缓解职业倦怠带来的负面影响。高校应积极倡导同事间的沟通交流,搭建教师交流平台,鼓励教师分享工作感受,相互支持、相互鼓励。当教师遇到困难和挫折时,来自同事的理解和支持能够给予极大的心理慰藉,增强他们战胜困难的信心和勇气。

3.建立健全的心理危机干预机制

面对突发的心理危机事件,如果缺乏及时有效的心理援助,教师的心理创伤可能进一步加重,甚至引发严重后果。因此,高校应制定完善的心理危机应对预案,明确各部门职责和工作流程,确保在第一时间为处于心理危机中的教师提供专业帮助。通过危机干预,可以最大限度地降低心理问题对教师工作和生活的负面影响。

4.从组织层面营造关怀友善的环境

高校管理者应秉持以人为本的理念,关注教师的发展需求,尊重教师的个体差异,为教师成长创造有利条件。学校政策的制定应充分考虑教师心理感受,在绩效考核、职称评定等方面给予人性化关怀。同时,高校还应完善教师福利保障体系,切实为教师解决后顾之忧,让教师全身心地投入教学科研工作。

第三节　心理健康发展对高校教师职业发展的影响

一、心理健康发展对高校教师职业发展动力的影响

(一)动力来源分析

在高校教师的职业发展过程中,心理健康发挥着至关重要的作用。它不仅影响教师的自我认知和职业定位,更深刻地作用于教师的职业动力形成与维持。健康积极的心理状态能够为教师的职业发展提供源源不断的内在驱动力,帮助他们不断突破自我、追求卓越。

心理学研究表明,个体的需求层次与动机强度密切相关。当个体的生理需求和安全需求得到基本满足后,就会趋于追求更高层次的社交需求、尊重需求乃至自我实现需求。对于高校教师而言,良好的心理健康状

况意味着其生理、心理基础需求已经得到充分保障,因而能够将更多精力投入到事业追求和个人发展之中。他们往往胸怀远大理想,充满使命感和责任感,渴望在教书育人的过程中实现自身价值、造福社会。这种高尚境界恰恰来源于健全的人格和成熟的心智。

相比之下,心理问题困扰的教师很难获得职业发展的强大动力。他们容易陷入自我怀疑和否定,对教学工作缺乏热情,难以体验职业生涯的意义和快乐。长此以往,就可能产生职业倦怠,丧失进取心和奋斗意志。这不仅损害教师个人的身心健康,也会影响教学质量,最终阻碍其职业生涯的进一步发展。

由此可见,心理健康是高校教师获得职业发展动力的前提和基础。没有健康的心理,就难以激发昂扬向上的精神风貌;没有平和的心境,就无法享受执教生涯的欣喜与满足。唯有始终保持积极乐观的心态,坦然面对各种困难和挫折,高校教师才能在教学科研的道路上披荆斩棘、砥砺前行。

(二)动力提升策略

高校教师的职业发展动力是推动其不断进步和自我完善的内在驱动力,然而面对教学、科研、管理等多重压力,许多教师难免会产生职业倦怠,动力不足。为了帮助教师重拾职业热情,激发内生动力,高校需要从多方面入手,完善动力提升策略。

其一,高校应营造良好的职业发展环境,为教师搭建成长平台。这包括完善教师职称评聘制度,为优秀教师提供更多晋升机会;建立教学名师、学科带头人等荣誉制度,对教学科研表现突出者给予表彰和奖励;开设教师发展课程,提供专业培训和学习机会,帮助教师拓展视野,提升能力。一个开放包容、重视人才培养的校园文化,能够激发教师的责任感和使命感,让其看到职业发展的广阔前景。

其二,高校需要完善教师绩效考核和激励机制。科学合理的考核指标体系是调动教师积极性的关键。考核应突出教学质量、科研水平、社会服务等核心要素,坚持定性与定量相结合,过程性评价与总结性评价并重。同时,高校要建立与绩效考核结果挂钩的激励机制,在职称晋升、岗位聘任、薪酬分配、评优评先等方面向业绩突出者倾斜,以"物质激励+精神鼓励"的方式,最大限度地调动教师的积极性和创造性。

其三,高校要关注教师的心理健康,营造轻松愉悦的工作氛围。教师承担着繁重的教学科研任务,长期处于高强度工作状态,极易产生焦虑、抑郁等负面情绪。为缓解教师的心理压力,高校可以开设心理健康讲座,普及自我情绪管理知识;成立教师心理咨询室,为有需要的教师提供专业帮助;定期开展文体活动,丰富教师的业余生活。一个积极向上、充满活力的教师队伍,是保证教学科研质量的前提条件。

(三)动力障碍因素

高校教师职业发展动力的障碍因素主要体现在个人、组织和社会三个层面。从个人层面来看,教师自身的价值观念、职业认同感以及知识技能的匮乏,都可能成为影响其职业发展的重要因素。一些教师可能缺乏明确的职业发展目标,对教师工作缺乏热情和使命感,难以形成持续的内在动力。同时,随着知识更新速度的加快和教育教学改革的深入,教师专业能力的不足也可能制约其适应新形势、应对新挑战的能力,进而影响职业发展的进程。

从组织层面来看,高校管理体制和评价机制的不合理,以及职业发展通道的缺失,可能成为教师职业发展的阻碍因素。一些高校在管理和决策过程中,缺乏教师的充分参与,难以调动教师的主动性和积极性。片面的科研导向和量化考核,也可能导致教师重科研、轻教学的倾向,忽视教学能力的提升和职业发展的需要。同时,高校教师职业发展通道单一,缺乏灵活多样的发展路径,使得部分教师难以找到适合自身特点和发展方向,降低了职业发展的动力。

从社会层面来看,社会对教师职业的认可度和支持力度,以及外部政策环境的变化,都可能影响教师职业发展的动力。尽管教师职业享有较高的社会声望,但在现实中,教师的社会地位和经济待遇仍然有待提高。这种落差可能损害教师的职业自豪感,削弱其长期从教的信念。同时,教育政策的频繁调整和社会需求的快速变化,也可能给教师职业发展带来不确定性,引发职业焦虑和迷茫,影响教师的职业发展动力。

二、心理健康发展对高校教师职业发展适应性的影响

(一)适应性定义

职业适应性是指个体在面对职业环境变化时,能够灵活调整自身心理和行为特征,以适应新的工作要求和角色转换的能力。它涵盖了认知适应性、情感适应性和行为适应性等多个维度。具备良好职业适应性的个体,能够积极应对职业生涯中的各种挑战和变革,实现职业角色的顺利过渡和持续发展。

从认知适应性的角度来看,它要求个体能够及时更新职业知识和技能,以适应不断变化的工作内容和方式。在知识经济时代,科技进步日新月异,许多行业的知识体系和操作流程都在不断更迭。如果个体固步自封,墨守成规,就难以跟上时代发展的步伐,也无法满足岗位对新知识、新技术的需求。相反,如果个体能够保持开放的心态,主动学习新事物,并将其运用到工作实践中,就能够提升自身的认知适应性,为职业发展奠定坚实的知识基础。

情感适应性强调个体在职业角色转换过程中,能够及时调节心理状

态,保持积极乐观的工作态度。职业生涯的发展往往伴随着角色的变化,如从普通员工晋升为管理者,从一线岗位调任到职能部门等。角色转换不仅意味着工作内容和方式的改变,更意味着心理定位和行为方式的重构。在这一过程中,个体难免会经历角色适应的阵痛期,出现心理失衡、情绪波动的状况。此时,情感适应性就显得尤为重要。个体需要正确看待角色转换带来的压力和挑战,以平和的心态去接纳新的工作环境和人际关系,调动积极情绪去应对角色转换中的种种不适,最终实现心理状态的平稳过渡。

行为适应性则侧重于个体在职业环境中表现出的应变能力和行动力,它要求个体能够根据工作需要,灵活调整行为策略,采取恰当的行动方式来完成任务目标。在职场中,问题和变数在所难免,预设的工作方案和流程往往难以完全适用。此时,行为适应性强的个体能够根据实际情况,及时调整工作计划和实施路径,化被动为主动,化困难为机遇,最终高效完成工作任务。同时,行为适应性还表现为个体在人际互动中的应变能力。职场中的人际关系错综复杂,涉及上下级、同事、客户等多个群体。个体需要根据不同的对象和场合,运用恰当的沟通策略和行为方式,化解矛盾冲突,促进良性互动,营造和谐的工作氛围。

(二)适应性因素

高校教师的职业适应性是其职业发展的重要影响因素,直接关系到教师的工作绩效和职业幸福感。从内涵来看,高校教师职业适应性是指教师在面对职业环境变化时,能够灵活调整自我认知和行为方式,积极应对挑战,实现职业角色转换和环境适应的心理品质。这种适应性不仅包括对教学工作的适应,还涵盖了科研、管理、服务等多个方面。

1.心理健康

。拥有良好心理状态的教师往往能够以积极乐观的态度看待职业发展中的困难和挫折,勇于探索新的教学方法和科研思路,敢于承担更多的工作职责。相反,心理问题则可能导致教师消极怠工、自我怀疑,难以适应不断变化的职业要求。因此,关注高校教师的心理健康,提供必要的心理辅导和疏导,对于增强其职业适应性具有重要意义。

2.教师专业发展机会的获得

通过参加教学研讨、学术交流、在职培训等活动,教师能够及时了解学科前沿动态,掌握新的教学技能和科研方法,拓宽专业视野。这不仅有助于教师跟上时代发展步伐,更新知识结构,也能够增强其职业自信心和成就感,提高职业适应力。相反,如果教师长期缺乏专业发展机会,其知识和能力很可能与时代需求脱节,难以适应日新月异的教育环境。

3.和谐的人际关系和融洽的组织氛围

在相互信任、相互支持的工作环境中,教师更容易分享经验、交流心得,共同探讨教学和科研中遇到的问题。这种积极互动不仅能够缓解教师的职业压力,增进彼此理解,也有利于教师形成开放包容的心态,提高应对复杂情境的能力。反之,人际冲突频发、组织气氛紧张则可能加剧教师的职业倦怠感,降低其适应外部变化的意愿和动力。

(三)适应性提升策略

高校教师面对日益复杂多变的教学环境和不断提升的教学要求,必须具备良好的职业适应性,方能在教学实践中游刃有余、成竹在胸。而心理健康作为影响教师职业适应性的重要因素,对于提升高校教师适应性具有不可忽视的作用。

心理健康水平高的教师,往往能够以积极乐观的心态看待教学工作中遇到的困难和挑战,主动寻求解决问题的方法,展现出较强的应对能力。例如,当面对课堂秩序混乱、学生学习兴趣低下等棘手问题时,心理健康的教师不会轻易灰心丧气,而是冷静分析问题产生的原因,并运用恰当的教学策略予以化解。这种从容应对、迎难而上的职业态度,正是心理健康助力教师提升适应性的生动写照。

此外,心理健康还能帮助教师在教学中保持旺盛的热情和创新的动力。心理状态良好的教师勇于尝试新的教学模式和方法,敢于打破常规、突破自我,用创新的思维和实践不断优化教学。这种锐意进取、与时俱进的教学理念,既彰显了教师自身的职业适应性,也为学生树立了宝贵的学习榜样。反之,心理问题困扰下的教师则可能陷入教学倦怠,缺乏改革创新的动力,难以适应教育教学的新变化、新要求。

更为重要的是,心理健康有助于教师构建和谐的师生关系,营造良好的教学氛围。心理健康的教师往往具有较强的同理心和沟通能力,能够站在学生的角度设身处地地思考问题,用真诚、友善的态度与学生交流,化解师生矛盾,增进彼此理解。在这种温暖、包容的课堂氛围中,学生的学习兴趣和主动性必然大大提高,教学效果和质量也会随之显著改善。

因此,高校和教师应高度重视心理健康在教师职业发展中的重要价值,并采取有效措施予以保障和提升。学校层面,要加强教师心理健康教育,定期开展心理健康讲座、培训,普及心理健康知识,传授压力管理、情绪调节的方法;搭建教师心理咨询平台,为教师排解心理困扰提供专业支持。教师个人则要主动加强心理健康修养,学会自我调适,塑造乐观积极的职业心态。唯有教师个人、学校组织形成合力,才能从根本上保障高校教师心理健康,提升其职业适应性,最终实现教书育人的神圣使命。

三、心理健康发展对高校教师教师职业晋升的积极作用

（一）心理健康与职业晋升的关系

心理健康与职业晋升之间存在着密切而复杂的关系，良好的心理状态能够为个人的职业发展提供强大的内在动力，帮助其更好地应对职场压力，提升工作绩效，从而赢得晋升的机会。相反，心理问题则可能成为职业发展的障碍，导致工作效率下降、人际关系紧张，最终影响职业晋升。

从积极心理学的视角来看，拥有乐观、坚韧、自信等正面心理品质的个人往往能够在职场中表现出色。他们勇于接受挑战，敢于尝试新事物，能够从挫折中汲取经验教训，不断成长和进步。同时，他们还具有良好的情绪管理能力，能够有效调节自己的情绪状态，保持积极乐观的心态，即使在面对困难和挫折时也不轻言放弃。这些心理品质不仅有助于提升个人的工作绩效，更能够赢得上级和同事的认可，为职业晋升创造有利条件。

心理健康还能够促进个人综合素质的提升，为职业晋升奠定坚实基础。拥有健康心理的个人往往具有较强的学习能力和适应能力，能够快速掌握新知识、新技能，适应不断变化的工作环境。同时，他们还具有较强的创新意识和解决问题的能力，能够从多角度、多层面思考问题，提出切实可行的解决方案。这些综合素质的提升不仅能够帮助个人更好地完成本职工作，更能够使其在职场竞争中脱颖而出，赢得晋升的机会。

因此，高校教师要重视自身心理健康状况，积极采取措施预防和缓解心理问题，培养积极乐观、坚韧不拔的心理品质。一方面，高校教师要加强自我心理调适，学会合理管理情绪，保持积极乐观的生活态度；另一方面，高校还应建立完善的心理健康服务体系，为教师提供必要的心理咨询

和辅导,帮助其及时化解心理困扰,提升心理素质。只有教师自身拥有健康的心理,才能以饱满的热情投入工作,为学生树立积极向上的榜样,推动学校各项事业蓬勃发展。

(二)积极心理状态对晋升的促进

1.情绪体验

从情绪体验的角度来看,积极乐观、自信昂扬的心态有助于教师在工作中保持饱满的热情和持久的动力。面对教学科研中的挑战和困难,积极心理素质较高的教师往往能够坦然面对,迎难而上。他们勇于尝试新的教学方法,敢于探索前沿的研究问题,以开放包容的心态看待自己的不足,不断反思改进。这种积极的情绪体验不仅能够帮助教师更好地应对压力,维持身心健康,更能够激励他们不断进取,在教书育人的道路上砥砺前行。

2.认知评价

从认知评价的角度来看,积极的心理状态能够引导教师以发展的眼光看待自身的职业生涯。拥有积极心理品质的教师往往能够准确评估自己的优势和不足,客观分析职业晋升的机遇与挑战。他们不仅关注当下的工作绩效,更加注重自身能力的提升和长远发展。通过参加教学竞赛、申报科研项目、发表高水平论文等方式,积极进取的教师持续充实自己,提升专业素养。同时,他们还善于把握职业生涯的关键节点,及时调整发展战略,为晋升创造有利条件。正是凭借积极进取的心理品质,他们在教学、科研、社会服务等方面取得了骄人的成绩,赢得了职业晋升的先机。

3.人际互动

从人际互动的角度来看,积极的心理状态有助于教师营造良好的职场人际关系,为职业晋升赢得更多支持。心理积极的教师往往具有较强的同理心和沟通能力,善于换位思考,体谅他人。在与同事、领导的交往中,他们真诚友善,乐于分享,懂得换位思考,用积极的态度影响和带动他人。久而久之,这些教师在学校和学界建立起了良好的人际关系网络,赢得了同行的认可和信任。在职称评审、岗位竞聘等关键时刻,这种人缘优势往往能够为他们的晋升提供有力支撑。领导和同事也更愿意向那些心理积极、人际关系融洽的教师倾斜资源和机会,助力他们的职业发展。

四、心理障碍对高校教师教师职业发展的限制

(一)职业发展受阻

心理障碍是影响高校教师职业发展的重要因素之一。长期处于心理压力和负面情绪状态下的教师,其工作热情和教学效果往往大打折扣,职业发展也会因此受阻。当前,高校教师普遍面临着多重压力,如教学科研任务重、晋升竞争激烈、工作生活矛盾突出等,这些压力如果得不到及时疏导和化解,很容易演变为心理问题,进而影响教师的职业发展。

具体而言,心理障碍主要通过以下几个方面制约高校教师的职业发展。第一,心理问题会严重影响教师的工作动机和教学质量。长期处于焦虑、抑郁等负面情绪中的教师,很难全身心地投入到教学工作中,备课授课往往敷衍了事,与学生的沟通互动也缺乏耐心和热情。这不仅影响了教学效果,也削弱了教师的职业认同感和成就感。第二,心理障碍会阻碍教师职业能力的提升。受心理问题困扰的教师往往缺乏学习进取的动

力,不愿意投入时间和精力去跟进学科前沿、更新教学理念、开展教学研究,久而久之,其职业能力和竞争力就会逐渐落后于同行。第三,心理问题可能影响教师的职业道德和师生关系。过度的心理压力会导致教师情绪失控、与人争执,甚至做出一些伤害学生、损害师德的极端行为,这无疑会毁掉教师的职业声誉,断送其职业发展前途。

除了影响教师个人,心理障碍引发的职业发展问题还会损害高校的整体教学质量和办学声誉。一方面,教师队伍是保障高校教学质量和人才培养的关键,教师心理健康水平的高低直接影响着教学效果的优劣。另一方面,高校作为教书育人的神圣场所,教师理应为人师表、德高望重,一旦出现师德问题,必然会影响学校声誉,甚至引发社会质疑。因此,关注和支持教师心理健康,帮助其克服心理障碍、实现职业发展,既是学校管理和人才建设的需要,也是教育事业健康发展的必然要求。

(二)职业晋升困难

心理障碍对高校教师职业晋升的影响是多方面的。其一,心理障碍会导致教师自我效能感降低,缺乏职业晋升的信心和动力。当教师长期处于焦虑、抑郁等负性情绪状态时,他们往往对自己的能力和前景产生怀疑,认为无法胜任更高职位的要求,从而丧失晋升的勇气和决心。这种消极的心理状态不仅影响教师的工作热情,也使其难以在关键时刻展现出色的表现,错失晋升机会。

其二,心理障碍会削弱教师的工作绩效和创新能力,阻碍其职业发展。心理健康问题常常伴随着注意力不集中、记忆力下降、思维迟钝等认知功能障碍,严重影响教师的教学质量和科研产出。教师难以全身心投入工作,缺乏持续进取的动力,创新意识和能力也会逐渐萎缩。而在当前高校教师职称评聘中,教学科研业绩往往是最重要的考核指标。因此,心理障碍导致的工作绩效下滑,必然会成为教师职业晋升的"绊脚石"。

其三,心理障碍易引发教师的职业倦怠,使其对教学工作失去热情,无心于职业发展。长期的心理困扰会消耗教师的身心能量,使其感到疲惫不堪、心力交瘁。面对繁重的教学任务和科研压力,教师难以保持昂扬的斗志和饱满的热情,逐渐对教师这一职业失去兴趣和追求。他们可能将过多精力投入到应对心理问题上,而忽视了自身的职业规划和能力提升。久而久之,教师的职业发展就会停滞不前,晋升的机会也会与之擦肩而过。

其四,心理障碍会影响教师的人际交往和沟通能力,阻碍其构建良好的职场关系网。心理问题往往伴随着社交恐惧、人际敏感等症状,导致教师在与同事、领导沟通时缺乏自信,难以建立融洽的关系。而在高校教师职称评审中,同行评议和领导评价往往占据重要比重。缺乏人际支持和良好口碑的教师,晋升之路必然会受到影响。同时,心理障碍也会削弱教师的团队协作能力,使其难以融入集体,参与重大项目。这无疑会成为教师职业发展的又一障碍。

其五,心理障碍可能诱发教师的职业道德风险,影响其职业声誉和晋升前景。严重的心理问题会导致教师情绪失控、行为失范,甚至做出有悖职业道德的举动,如师生冲突、学术不端等。这不仅会损害教师的职业形象,也会影响学校声誉。在教师违反职业道德时,学校通常会对其进行惩戒,取消其晋升资格。由此可见,心理问题引发的职业道德风险,对教师的职业发展有着致命的影响。

第四章 高校教师心理健康的维护

第一节 高校教师心理健康的评估与监测

一、高校教师心理健康评估的方法与工具

(一)问卷调查法

相较于其他方法,问卷调查具有简便、快捷、量化程度高等优势,能够在较短时间内获取大量数据,便于进行统计分析。在设计高校教师心理健康问卷时,研究者需要充分考虑问卷的信度和效度,选择经过验证的量表或根据研究目的自行编制问卷。常用的心理健康量表包括症状自评量表(SCL-90)、抑郁自评量表(SDS)、焦虑自评量表(SAS)等,这些量表从不同维度对个体的心理健康水平进行评估,能够较为全面地反映高校教师的心理状况。

在实施问卷调查时,应注意样本的代表性和随机性,尽可能覆盖不同学科背景、职称、年龄和性别的教师群体,提高调查结果的可推广性。同时,还要重视问卷填答的真实性,采取恰当的措施鼓励被试客观、如实地回答问题,减少社会赞许性等因素的影响。必要时可以采用匿名填答的方式,保护被试隐私,提高其主动填答的意愿。

通过问卷调查获得的数据需要进行系统的整理和分析,研究者应运用统计学方法,对问卷的信度和效度进行检验,剔除无效问卷,对有效问卷进行编码和数据录入。在数据分析阶段,可以使用描述性统计和推论性统计方法,计算各维度得分的平均值、标准差等,考察不同人口学变量

(如性别、年龄、职称等)在心理健康水平上的差异,探讨心理健康状况与相关因素之间的关联。通过深入挖掘数据,揭示高校教师心理健康的一般规律和特点,为后续的心理健康维护提供理论依据。

(二)访谈法

相比量化的问卷调查,访谈法能够更加全面、深入地了解教师的心理状态和情感体验。通过与教师面对面交流,研究者可以获得丰富、细致的第一手资料,揭示问卷调查所无法触及的心理问题。

访谈法的实施需要遵循严谨的程序和技术。首先,研究者应根据评估目的和研究问题,精心设计访谈提纲。提纲要涵盖教师心理健康的主要维度,如情绪状况、压力水平、工作满意度、人际关系等,同时要预设开放性问题,给教师充分表达的空间。其次,访谈过程要营造轻松、友好的氛围,采取半结构化的方式进行。研究者既要控制访谈的总体方向,又要灵活把握,根据教师的反应适时调整问题。再次,访谈要全程录音录像,并做好文字记录,为后续资料整理和分析提供依据。

访谈资料的分析是发现问题、把握规律的关键,研究者应采用扎根理论等质性分析方法,对访谈记录进行编码、主题提炼和理论构建。通过不断比较、归类和概括,梳理出教师心理健康的影响因素、主要困扰和应对策略等重要信息。在分析过程中,研究者要保持开放、中立的态度,尽量还原教师的心理世界,规避主观臆断和过度诠释。

二、高校教师心理健康评估的指标体系

(一)心理健康水平指标

心理健康水平在评估高校教师心理健康状况中占据核心地位,它不

仅反映了教师的情绪状态、人格特质和行为表现,更体现了其应对压力、适应环境的综合能力。从积极心理学的视角来看,心理健康不仅意味着没有心理疾病,更意味着拥有积极的情绪体验、良好的心理品质和健全的人格。因此,高校教师心理健康水平的评估应该建立在多维度、动态性的理论基础之上,全面考察教师在情绪、认知、人格、社会适应等方面的表现。

在情绪维度上,需要关注教师的情绪体验是否稳定、正面,能否恰当地表达和管理自己的情绪。研究表明,长期处于负性情绪状态会严重影响个人的身心健康,而乐观积极的情绪有助于缓解压力,提升幸福感。因此,评估教师情绪状态的稳定性、正向性,对于判断其心理健康水平至关重要。

在认知维度上,需要考察教师对自我、他人、环境的评价是否客观、理性。心理学研究发现,合理的归因方式、积极的自我概念、开放的心智模式都与个体的心理健康密切相关。相反,负性的认知评价,如对问题的悲观预期、对自我的消极评价等,往往会引发心理困扰,影响个人的情绪状态和社会功能。

在人格维度上,需要关注教师是否拥有成熟、健全的人格特质。心理学家罗杰斯指出,完全发挥功能的人格应该具有开放性、现实性、理性等特点。拥有这些积极人格特质的个体,往往能够更好地认识自我,接纳他人,适应环境。因此,评估教师的人格成熟度,对于判断其心理健康水平具有重要意义。

在社会适应维度上,需要考察教师在人际交往、角色转换、环境适应等方面的表现。心理健康的个体往往能够建立和谐的人际关系,有效地应对角色转换,灵活地适应环境变化。相反,适应不良会引发严重的心理问题,如社交恐惧、角色困惑、环境应激等。

（二）心理压力指标

高校教师面临着多方面的压力源，如教学科研任务繁重、职称评定竞争激烈、人际关系复杂等。这些压力如果得不到及时疏导和缓解，容易引发焦虑、抑郁等心理问题，进而影响教师的工作效率和生活质量。因此，在评估高校教师心理健康状况时，必须重点关注其心理压力水平。

心理压力指标的设置需要综合考虑压力源的多样性和压力反应的个体差异性。一方面，要全面评估高校教师面临的各类压力，包括工作压力、家庭压力、社会压力等。可以通过访谈、问卷等方式，了解教师在不同领域感受到的压力强度和频率。另一方面，要充分考虑压力反应的个体差异。面对相同的压力源，不同教师的主观感受和应对方式可能大不相同。有的教师可能更容易产生焦虑情绪，有的则表现出较强的抗压能力。因此，在设计心理压力指标时，既要纳入客观压力源的评估，也要重视教师主观感受的测量。

在具体指标的选取上，可以参考已有的压力量表和理论模型。比如，卡拉塞克的工作需求－控制模型强调工作要求和自主性对员工心理健康的影响；而霍姆斯和拉厄的生活事件量表则侧重评估各种生活变故带来的应激反应。借鉴这些成熟的理论和工具，可以构建一套适用于高校教师群体的心理压力指标体系。其中可以包括定量指标，如工作时长、科研任务量、家庭收入等；也可以包括定性指标，如角色冲突感受、工作控制感、社会支持感知等。通过对这些指标的综合评估，可以较为全面地刻画高校教师的心理压力状况。

（三）社会支持指标

社会支持作为个体获得来自家人、朋友、同事等社会网络成员的各种形式帮助的综合反映,是高校教师心理健康评估不可或缺的重要指标。大量研究表明,良好的社会支持能够有效缓解工作压力,促进心理健康,提高生活质量。相反,缺乏社会支持则易导致孤独感、无助感,引发焦虑、抑郁等心理问题。因此,在构建高校教师心理健康评估指标体系时,必须重视社会支持指标的设置和量化。

社会支持通常可分为客观支持和主观支持两个维度。客观支持是指个体实际获得的各种帮助,如物质援助、信息提供、陪伴倾听等。这些实实在在的支持行为能够帮助个体应对生活中的困难和挑战,缓解心理压力。而主观支持则指个体感知到的被支持、被理解、被关心的程度,反映了个体对社会支持可获得性和满意度的主观评价。大量研究发现,主观支持对个体心理健康的影响往往大于客观支持。个体感知到充足的支持,即使实际获得的帮助有限,也能产生积极的心理体验,提升心理健康水平。由此可见,高校教师心理健康评估既要关注客观支持的多寡,更要重视主观支持的强弱。

三、高校教师心理健康监测的周期与频率

(一)监测周期的设定

针对高校教师这一特殊群体,制定科学合理的心理健康状况监测周期至关重要。监测周期的设定需要综合考虑多方面因素,既要保证监测的及时性和有效性,又要兼顾可操作性和可持续性。

高校教师的工作具有鲜明的节奏性特点,学期初、期中、期末等不同阶段的工作任务和压力存在明显差异。因此,监测周期的设定应与学期节奏相适应。通常可在每学期初进行一次全面评估,了解教师的整体心理健康状况,为后续的针对性干预提供依据。在学期中、期末等关键节

点,可再次开展监测,动态掌握教师心理健康的变化情况。

除了常规监测外,在教师职业生涯的特殊时期,如新入职教师适应期、职称评审关键期等,更需要加强心理健康监测的频率。这些时期往往伴随着角色转换、环境适应、压力应对等多重挑战,是心理问题高发的阶段。密切关注这些特殊时期教师的心理健康动态,能够及时发现苗头性问题,从而采取有效的预防和干预措施。

监测周期的长短还需兼顾各高校的实际情况。对于师生规模较大、教学科研任务繁重的高校,监测周期可适当缩短,如每季度开展一次常规监测,加上特殊时期的不定期监测。而对于规模较小、师生关系更为密切的高校,监测周期可以相对延长,如每学期常规监测一次,结合特殊时期监测,既能满足需求,又较为经济适用。

(二)监测频率的调整

心理健康监测频率的调整需要根据高校教师群体的特点和实际需求来确定。一般而言,监测频率应兼顾全面性和针对性,既要覆盖全体教师,又要重点关注高危人群。

首先,定期开展全员心理健康普查是保证监测全面性的重要措施。普查可采取问卷调查、心理测评等形式,频率可设定为每学年1—2次。通过定期普查,可以及时了解教师群体的整体心理健康状况,发现潜在问题,为后续干预提供依据。

其次,针对不同教师群体,监测频率应有所侧重。对于新入职教师、青年教师等压力较大的群体,可适当增加监测频次,如每学期1次。这些教师面临角色转换、教学科研压力等多重挑战,心理问题发生率相对较高,需要重点关注。而对于中老年教师,监测频率可相对减少,如每年1次,但监测内容应更全面,涵盖职业倦怠、情绪管理等方面。

再次,监测频率还应根据教师心理健康的动态变化进行弹性调整。

在教师职业生涯的关键节点,如职称评审、课题申报等,以及面临重大生活事件时,应及时开展心理健康评估,给予必要帮助。对筛查出的高危人群,更应加密监测频次,做到早发现、早干预。

最后,高校应搭建心理健康监测的常态化机制。除定期普查外,可利用心理健康教育课、党团活动、谈心谈话等契机,随时关注教师的心理状态。同时,应畅通教师心理咨询渠道,鼓励教师主动寻求帮助,实现监测与服务的无缝衔接。

四、高校教师心理健康监测系统的建立

(一)监测系统的设计原则

1.科学性原则

科学性原则要求监测系统的设计必须以心理学、教育学等相关学科的理论和研究成果为基础,采用经过严格验证的测量工具和方法,确保监测结果的有效性和可靠性。这就需要系统开发者深入研究国内外最新的理论进展和实证研究,选用信效度俱佳的量表工具,如症状自评量表(SCL-90)、职业倦怠量表等,并结合我国高校教师的实际情况进行必要的修订和完善。

2.系统性原则

系统性原则强调监测系统应当覆盖高校教师心理健康的各个维度,包括情绪状态、应对方式、人际关系、职业倦怠等,形成完整、全面的测评框架。同时,系统还应兼顾共性与个性,一方面设置适用于所有高校教师的基础监测内容,另一方面为不同学科背景、职称层次的教师提供有针对

性的专项测评。只有建立起结构合理、内容丰富的监测指标体系，才能真正呈现出高校教师心理健康的整体图景。

3.可操作性原则

可操作性原则要求监测系统具有良好的用户体验和便捷的操作流程。系统界面应当简洁明了，布局合理，引导清晰，便于教师快速上手使用。测评过程应尽量控制在合理的时长内，避免过于冗长导致疲劳和不耐烦。监测结果的呈现方式要直观、易懂，辅以必要的解释说明，帮助教师准确理解自身的心理健康状态。此外，系统还应提供个性化的反馈与指导，针对测评中发现的问题提出有针对性的应对建议，促进教师主动进行心理调适。

4.安全性原则

安全性原则强调监测系统必须高度重视教师个人信息和数据的保护。一方面，系统应严格限定信息的收集范围，杜绝与监测目的无关的敏感信息搜集；另一方面，要运用先进的加密技术，全方位保障数据的存储、传输和访问安全，防止泄露或非法窃取。同时，还应建立起完善的隐私管理制度，明确信息的使用规范和访问权限，确保教师个人隐私不受侵犯。惟有做到有效保护，才能消除教师的顾虑，提高其参与监测的积极性。

（二）监测系统的技术支持

随着信息技术的快速发展，大数据、云计算、人工智能等新技术为心理健康监测提供了更加先进、高效的技术手段。在构建监测系统时，应充分利用这些新技术，为系统运行提供坚实的技术保障。

首先，大数据技术可以帮助我们处理海量的心理健康监测数据。传统的数据处理方式难以应对如此庞大的数据规模，而大数据技术能够实现数据的快速存储、检索和分析,大大提高数据处理效率。通过对监测数据进行挖掘和分析,我们能够发现高校教师心理健康状况的总体特点和变化趋势,为心理健康干预提供精准的数据支持。

其次,云计算技术可以为监测系统提供弹性灵活的基础设施。传统的 IT 架构难以适应心理健康监测的高并发、大流量需求,而云计算能够根据实际需要动态调整计算存储资源,保证系统的高可用性和可扩展性。同时,云计算还能够实现数据的集中存储和管理,减少数据孤岛,提高数据共享和利用水平。

再次,人工智能技术可以赋予监测系统更加智能化的功能。通过机器学习算法,我们能够从海量监测数据中自动提取特征、建立预测模型,实现对高校教师心理健康问题的早期预警。智能化的数据分析还能够为每位教师提供个性化的心理健康报告和建议,提高心理健康服务的针对性和有效性。

最后,移动互联网技术可以拓展监测系统的服务渠道。当前,智能手机已经成为人们获取信息、接受服务的主要终端。通过开发心理健康监测 APP,我们能够让高校教师随时随地参与心理健康评估,并获得及时的反馈和指导。移动化的监测方式不仅能够提高教师参与的便捷性,也能够增强其参与的主动性。

五、高校教师心理健康评估与监测数据的分析

(一)数据分析方法

在对高校教师心理健康评估与监测数据进行分析时,需要采用科学、系统的方法,以期全面、准确地揭示数据所蕴含的信息和规律。一般而言,数据分析方法可以分为定量分析和定性分析两大类。

定量分析是利用数理统计方法对数据进行处理和分析,旨在揭示数据间的数量关系和变化趋势。在高校教师心理健康评估与监测中,常用的定量分析方法包括描述性统计分析、推断性统计分析、相关分析和回归分析等。其中,描述性统计分析可用于计算样本的集中趋势(如平均数、中位数)和离散程度(如方差、标准差),直观呈现数据的基本特征。推断性统计分析则利用样本数据推断总体的特征,如使用 t 检验比较不同组别间的差异,使用方差分析探究多个因素对心理健康的影响。相关分析用于考察变量间是否存在相关关系及其强度,如分析工作压力与焦虑水平的相关性。而回归分析则在相关分析的基础上建立变量间的数量关系模型,预测自变量对因变量的影响。

与定量分析相对,定性分析主要采用归纳、演绎等逻辑方法,对数据的内容和性质进行分析,旨在把握数据的内在意义和本质规律。在高校教师心理健康评估与监测中,定性分析可以深入挖掘数据背后隐藏的现象和问题,如通过对访谈资料的编码和主题分析,归纳教师心理问题产生的原因和应对策略。定性分析还可辅助定量分析,帮助理解和解释定量结果。例如,当定量分析发现某些反常数据或非线性关系时,可结合定性分析寻找可能的原因。

无论是定量分析还是定性分析,都需遵循科学、严谨的原则和步骤。分析前,研究者应对原始数据进行审核和清理,剔除不合理或缺失的值,确保数据的准确性和完整性。分析过程中,要合理运用统计学方法和软件工具,严格控制变量,充分论证分析结果。分析后,要对结果进行全面解释和讨论,联系研究背景阐明其意义,并提出切实可行的应用建议。

(二)数据报告与反馈

在进行高校教师心理健康评估与监测的过程中,数据报告与反馈是至关重要的一环。它不仅能够客观呈现教师心理健康的总体状况,更能针对性地提出改进建议,为后续的心理健康服务提供依据。高质量的数据报告与反馈应具备全面性、专业性、针对性和可读性等特点。

1.数据报告需要全面、准确地反映高校教师心理健康的各个维度

通过运用科学的统计方法和数据可视化技术,报告应清晰地展示教师在心理健康水平、心理压力、社会支持等方面的得分情况,并与常模进行对比,以判断是否存在异常。同时,报告还应分析不同人口学变量(如性别、年龄、职称等)与心理健康的关联,揭示特定群体可能面临的心理健康风险。这种多角度、立体化的数据呈现,能够为教师的心理健康状况提供全景式的诊断。

2.数据报告的撰写需要体现专业性和规范性

在使用专业术语时,要附以通俗的解释,确保非心理学背景的读者也能准确理解。在阐释数据时,要严格遵循心理学的理论框架,运用发展心理学、压力理论、应对理论等视角,对教师的心理健康状况进行深入剖析。专业性和规范性的有机结合,不仅能提升报告的学术价值,也有助于各利益相关方对结果形成共识。

3.数据报告应具有较强的针对性和可操作性

数据报告不应仅停留在现状描述层面,而应基于评估结果,提出改善教师心理健康的对策建议。例如,面对高校教师普遍存在的职业倦怠问题,报告可以建议学校完善教师职业发展通道,为其提供更多的自主权和成长机会;针对青年教师的适应性困难,报告可以建议开展"导师制"等社会支持项目,帮助其尽快适应角色转换。这些建设性的反馈,能够为学校优化心理健康服务、制定教师发展政策提供重要的决策参考。

4.数据报告还应兼顾专业性与可读性的平衡

一方面,报告需要运用严谨的学术语言,准确传达评估结果和专业见解;另一方面,报告又要采用生动、友善的表达方式,避免晦涩难懂的术语和冗长的句式,提高文本的亲和力和可读性。此外,报告还可以运用信息图表、案例分析等方式,增强内容的直观性和吸引力。只有将专业性与可读性有机统一,才能真正发挥数据报告的应有价值。

第二节　高校教师心理健康的干预

一、高校教师心理健康干预的目标与原则

(一)干预目标

干预目标是高校教师心理健康干预工作的逻辑起点和行动指南,明确、具体、可操作的干预目标能够为心理健康干预工作提供方向感和执行力,使干预工作更加有的放矢、科学高效。从维护高校教师心理健康的角度来看,干预目标应该具有多层次、全方位的特点。

在个体层面,干预目标应聚焦于提升高校教师的心理素质和自我调节能力。通过心理健康教育和培训,帮助教师掌握情绪管理、压力应对、人际沟通等方面的知识和技能,提高其心理韧性和适应能力,增强面对各种心理问题和压力事件时的心理免疫力。同时,引导教师树立积极乐观的人生态度,保持身心的平衡与和谐,提升生活质量和幸福感。只有每一位教师都具备良好的心理素质,才能更好地投入教学科研工作,实现自我价值。

在人际层面,干预目标应着眼于优化高校教师的人际关系和社会支持系统。高校教师普遍面临着复杂的人际环境,与学生、同事、领导之间的关系若处理不当,极易引发心理冲突和困扰。因此,干预工作要重点关注教师的人际交往能力,通过培训和咨询帮助其掌握有效沟通、冲突化解等技巧,学会建立和维护和谐的人际关系。同时,要加强教师群体的团结协作和相互支持,营造积极向上的工作氛围,满足其归属和成就的需要。良好的人际环境能够为教师应对各种压力提供强大的社会支持,是维护心理健康的重要保障。

在组织层面,干预目标应致力于营造教师发展友好型的环境。学校要从政策、制度、文化等方面为教师的职业发展提供支持和保障,建立科学合理的评价和激励机制,缓解教师在职称评定、项目申报等方面的压力。同时,要为教师创造宽松民主、平等互信的工作环境,畅通教师表达诉求、参与决策的渠道,提升教师的获得感、幸福感、安全感。组织要成为教师的坚实后盾,最大限度减少环境因素对教师心理的负面影响。有研究表明,良好的组织文化和管理方式能够显著提升教师的主观幸福感,降低工作倦怠和心理问题的发生。

(二)干预原则

在制定高校教师心理健康干预原则时,需要充分考虑高校教师群体的特殊性和个体差异性。作为知识分子群体的代表,高校教师普遍具有较高的自尊心和自我意识,对自身的心理状态有着敏感的洞察力。同时,不同专业、不同职称、不同年龄段的教师在心理特点上也存在显著差异。因此,心理健康干预必须坚持以人为本、因材施教的基本原则,充分尊重教师主体地位,针对不同教师的实际需求提供个性化的心理健康服务。

从干预方式上看,应该坚持自愿参与的原则。心理健康问题往往涉及个人隐私,具有较强的敏感性。如果强制教师参加心理健康活动,不仅难以取得实效,还可能引起教师的逆反心理,加剧心理问题。因此,学校应该营造开放、包容的氛围,鼓励教师主动寻求心理健康帮助,而不是将其视为一种羞耻或者弱点。同时,学校还应该为教师提供多样化的心理健康服务渠道,如个体咨询、团体辅导、心理健康讲座等,满足不同教师的实际需求。

从干预内容上看,应该坚持问题导向与发展导向相结合的原则。一方面,心理健康干预要聚焦教师面临的现实困扰,如工作压力、人际关系、情绪管理等,帮助其找到有效的应对策略和解决方案。另一方面,干预还应该着眼教师的长远发展,引导其树立积极的人生观和价值观,提升心理调适能力和抗挫折能力。只有在解决当前问题的同时,促进教师的可持续发展,才能从根本上维护其心理健康。

从干预效果上看,应该坚持过程导向与结果导向并重的原则。心理健康干预是一个循序渐进的过程,不能期望一蹴而就。学校应该建立完善的跟踪评估机制,定期了解教师的心理状况变化,适时调整干预方案。同时,学校还应该重视干预的长期效果,致力于营造良好的心理健康环境,将心理健康教育融入日常管理和服务之中。只有坚持不懈地推进心理健康工作,才能真正实现教师身心的和谐发展。

二、高校教师心理健康问题的识别

(一)识别心理健康问题的信号

高校教师心理健康问题的识别需要从多个维度入手,综合考虑教师的行为表现、情绪状态和认知功能等方面。从行为层面来看,出现心理健康问题的教师往往会表现出工作效率下降、人际交往减少、生活作息紊乱等异常行为。他们可能经常请假或缺勤,对教学工作失去热情和动力,难以专注于备课和授课。同时,这些教师在与同事、学生互动时会显得冷漠、疏离,甚至出现过激言行,人际关系日益恶化。

从情绪层面来看,心理健康出现问题的教师情绪体验往往处于失衡状态。他们可能长期处于焦虑、抑郁、烦躁等负性情绪中,对生活和工作失去信心和希望。这种负性情绪不仅影响教师自身的身心健康,也会通过教学过程传递给学生,损害师生关系。此外,一些教师还可能出现情绪波动大、情绪表达不恰当等问题,过度依赖酒精、药物等外界刺激来调节情绪,加剧心理问题。

从认知功能层面来看,心理健康状况欠佳的教师在思维、记忆、注意力等方面往往受到不同程度的影响。他们可能难以集中注意力,容易走神,对教学内容掌握不牢,备课效率低下。同时,这些教师在分析和解决问题时思路混乱,逻辑性差,难以作出正确判断和决策。记忆力减退也是常见的认知功能问题,表现为遗忘学生的名字、忘记教学进度等。

除了上述表现外,生理健康恶化也可能是教师心理问题的重要信号。经常出现头痛、失眠、胃口不佳等身体不适,或者出现难以解释的疼痛,都有可能是心理健康亮起"红灯"的表现。当然,这些生理症状也可能由其他疾病引起,需要进一步检查和诊断。

(二)心理健康问题的早期预警

心理健康问题的早期预警对于高校教师职业健康和发展至关重要。通过及时识别和干预潜在的心理健康风险,可以有效预防严重心理问题的发生,维护教师的身心健康,确保教学科研工作的顺利开展。

1.开展心理健康筛查

定期使用心理测评量表对教师群体进行普查,能够全面了解教师的心理健康状态,筛选出高危人群。常用的筛查工具包括症状自评量表

(SCL－90)、焦虑自评量表(SAS)、抑郁自评量表(SDS)等。通过科学的测评和分析,可以准确把握教师心理健康的总体情况和个体差异,为后续干预提供依据。

2.建立完善的心理档案管理制度

通过建立每位教师的心理健康档案,记录其心理状态的动态变化,可以实现对心理问题的跟踪监测。一旦发现异常波动或持续恶化的趋势,就需要及时又介入,了解原因,提供帮助,防止问题进一步扩大。

3.加强心理健康教育和自我管理意识

通过开展形式多样的培训和讲座,普及心理健康知识,提高教师对心理问题的认知水平,增强其自我觉察和求助意识。同时,鼓励教师学习心理调节技巧,如合理情绪疏导、压力管理等,提高心理免疫力和自我管理能力,从源头上降低心理问题的发生风险。

三、高校教师心理健康干预的长期跟踪与支持

(一)跟踪评估方法

跟踪评估是高校教师心理健康干预中不可或缺的重要环节,它贯穿于干预工作的全过程,为干预效果的评估和优化提供了科学依据。在具体实施中,跟踪评估需要遵循系统性、客观性和可操作性的原则,采用多元化的评估方法和指标体系,动态监测教师心理健康状况的变化趋势。

首先,跟踪评估应当以心理健康全面评估为基础,综合运用心理测验、行为观察、访谈等方法,全面收集教师心理健康相关数据。心理测验

是跟踪评估中最为常用的方法之一,通过标准化的量表和问卷,可以较为客观、准确地评估教师的心理健康水平。但考虑到测验结果可能存在一定的局限性,评估者还应结合行为观察等质性研究方法,深入分析教师的情绪反应、人际交往等外显行为表现,以便更全面地了解其心理状况。此外,定期访谈也是跟踪评估的重要手段,通过与教师的面对面交流,评估者能够深入探讨其内心感受和需求,并及时发现心理问题的苗头。

其次,跟踪评估需要构建科学、细致的指标体系。一方面,评估指标应当紧密围绕心理健康的核心内涵,涵盖情绪状态、认知功能、人格特征、社会适应等多个维度;另一方面,指标设置还应兼顾教师群体的特殊性,关注其职业倦怠、角色压力等特有的心理问题。同时,为了提高评估的针对性和实效性,指标体系还应根据干预工作的重点适时调整。例如,针对特定危机事件后的心理危机干预,评估指标就应更加侧重创伤后应激障碍、抑郁症状等方面。只有建立起全面、灵活的指标体系,跟踪评估才能为干预实践提供有力支撑。

再次,跟踪评估应当贯穿于心理健康干预的全过程。评估不应仅局限于干预前后的简单对比,而应在干预实施过程中持续进行,动态监测教师心理状态的变化。这种过程性评估一方面有助于及时发现干预方案的不足,为方案的调整和优化提供依据;另一方面,通过向教师反馈评估结果,能够帮助其客观认识自身的心理变化,增强主动接受干预的意愿。同时,贯穿始终的跟踪评估还能够延续干预效果,促进教师形成积极、稳定的心理健康状态。

最后,高校应重视跟踪评估结果的综合运用。通过系统梳理、科学分析评估数据,可以准确把握教师心理健康的总体状况和变化规律,为学校制定心理健康教育和管理政策提供决策参考。例如,如果评估结果显示青年教师的职业倦怠问题较为突出,学校就应针对性地加强职业发展指导,完善职称评聘和绩效考核制度等。又如,跟踪评估还可以帮助识别心理素质较为突出的教师,学校可以邀请其担任心理健康宣教员,发挥其示范引领作用。

(二)支持系统建设

高校教师心理健康干预的支持系统建设是一项系统工程,需要多方协同、多管齐下。

第一,高校应成立专门的心理健康工作领导小组,统筹规划、协调推进各项工作。领导小组应由学校主要领导担任组长,成员包括教务处、人事处、宣传部、工会等相关职能部门负责人。在领导小组的指导下,学校还应设立专门的教师心理健康服务中心,配备专业的心理健康教育工作者,为教师提供个性化、多元化的心理健康服务。

第二,高校应加强心理健康教育队伍建设,提升教师心理健康服务的专业化水平。一方面,学校可以聘请校外资深的心理咨询师、临床心理学家担任兼职导师,为教师提供专业指导;另一方面,学校应定期组织在职教师参加心理健康教育专业培训,提升其心理健康素养和服务能力。同时,学校还可以培养一批热心且具备心理学专业背景的教师担任心理健康协理员,协助开展心理健康教育活动。

第三,高校应构建多层次、立体化的心理健康服务体系,满足教师的多元化需求。在教师心理健康服务中心的基础上,学校可以在各院系设立心理健康工作站,方便教师就近获得服务。工作站应配备专门的咨询室,提供面对面咨询、团体辅导、心理测试等服务。同时,学校还应积极运用现代信息技术,搭建网络心理健康服务平台,实现教师心理健康服务的无缝对接。平台可以提供在线咨询、心理评估、自助式干预等功能,拓展服务的广度和深度。

第四,高校应注重营造关爱教师心理健康的校园文化氛围。学校可以通过开展心理健康主题班会、专题讲座、主题宣传等活动,普及心理健康知识,消除教师对心理问题的误解和偏见。同时,学校应完善相关制度政策,将教师心理健康纳入学校发展规划,将其作为教师绩效考核、职称评定的重要内容。学校还可以为教师设立"心理健康日",定期组织教师开展心理健康体验活动,缓解压力,促进身心愉悦。

(三)持续性心理辅导

高校教师的心理健康问题不容忽视,持续性心理辅导是维护其心理健康的重要举措。高校教师肩负着教书育人的重任,他们的心理状态不仅关乎自身的职业发展和生活质量,更影响着学生的健康成长。然而,高校教师常常面临着繁重的教学科研任务、激烈的职称评定竞争、不断变化的教育政策等多重压力,容易产生焦虑、抑郁等心理问题。如果这些问题得不到及时有效的干预,不仅会影响教师的工作效率和教学质量,还可能引发更严重的心理危机。因此,高校必须高度重视教师心理健康问题,建立完善的心理健康服务体系,为教师提供持续性的心理辅导。

持续性心理辅导是一个系统化、长期化的过程,需要专业心理咨询师与高校管理者的通力合作。首先,高校应组建一支专业化的心理咨询师队伍,定期为教师提供个体心理咨询服务。这些心理咨询师要深入了解教师的工作特点和心理需求,运用科学的咨询理论和技术,帮助教师疏导情绪,化解心理困扰。其次,高校还应开展多样化的团体辅导活动,如心理健康讲座、主题团体辅导、心理素质训练营等。这些活动能够营造良好的心理健康氛围,增强教师的归属感和互助意识。最后,高校管理者要充分发挥行政力量,为心理辅导工作提供必要的人力、物力和财力支持。他们要转变观念,将教师心理健康视为学校发展的重要议题,纳入学校整体的规划和预算。

有效的持续性心理辅导离不开精准的心理健康评估和个性化干预方案,心理咨询师要定期对教师进行心理健康状况的评估,及时发现心理问题的苗头,制定针对性的干预策略。评估可以采用量表测验、个别访谈、行为观察等多种方式,全面收集教师的心理健康信息。在此基础上,心理咨询师要根据每位教师的具体情况,量身定制个性化的心理辅导方案。这些方案要兼顾教师的工作特点和个人需求,灵活采用认知行为治疗、人本主义治疗、团体心理治疗等多种手段,最大限度地发挥心理辅导的效果。同时,个性化干预方案还要强调教师的主体参与,鼓励其主动学习心理健康知识,掌握自我情绪管理和压力应对的技能。

第三节　高校教师心理健康的维护策略

一、高校教师自我认知与情绪管理

(一)自我认知的重要性

自我认知是高校教师心理健康维护的基石。只有深入了解自我,客观认识自己的优势和不足,才能在教育教学实践中找准定位,扬长避短,不断提升专业素养和教学水平。同时,自我认知还有助于教师准确把握自身的情绪状态,及时调节负面情绪,保持积极乐观的心态,以饱满的热情投入工作和生活。

从认知心理学的角度来看,自我认知涉及个体对自身特质、能力、情感等方面的主观评价和判断。这种评价和判断并非一成不变,而是会随着个体阅历的丰富、视野的拓宽而不断调整和完善。对于高校教师而言,客观全面的自我认知需要建立在对教师角色的深刻理解之上。教师不仅是知识的传授者,更是学生成长的引路人。这就要求教师不仅要具备扎实的学科专业知识,还要拥有广博的文化视野、深厚的人文情怀和高尚的道德品质。只有不断加强自身修养,提升综合素质,才能成为学生心目中的楷模和榜样。

在教育教学实践中,自我认知对于教师因材施教、促进学生全面发展具有重要意义。每一位学生都是独特的个体,都有自己的兴趣爱好、认知特点和发展潜力。作为教师,只有站在学生的立场,设身处地为学生着想,才能真正理解学生的需求,激发学生的学习动机。而这种换位思考、站位学生的能力,恰恰源于教师对自我的深刻洞察。唯有不断反思自己的教学理念和方法,虚心听取学生的意见和建议,才能与时俱进,不断改进教学策略,提升教学效果。

(二)情绪管理的方法

在日常教学和科研工作中,教师常常面临着各种压力和挑战,如果不能有效调节情绪,容易导致焦虑、抑郁等不良心理状态,进而影响身心健康和工作绩效。因此,掌握科学的情绪管理方法,对于维护高校教师心理健康至关重要。

1.情绪管理的核心在于觉察和接纳自己的情绪

很多时候,教师之所以感到焦虑和压力,是因为习惯性地压抑和回避负面情绪,而不愿正视和接纳它们。然而,情绪压抑不仅无法消除负面情绪,反而会加重心理负担,形成恶性循环。因此,教师应学会觉察自己的情绪变化,客观地认识和接纳各种情绪体验,而不是盲目地评判和控制它们。只有在接纳的基础上,才能进一步探索情绪背后的深层次需求,找到疏导情绪的有效途径。

2.合理表达是疏导情绪的重要方式

当面临压力和挫折时,教师要学会适时宣泄情绪,而不是一味隐忍。

可以通过与他人倾诉、写日记、绘画、运动等方式,将内心的感受表达出来。在表达的过程中,教师能够更清晰地认识自己的情绪状态,获得情感支持和新的视角,从而缓解心理压力。需要注意的是,情绪表达要选择恰当的时间、地点和方式,避免过度宣泄或伤害他人。

3.积极的认知策略是情绪管理的有效手段

面对压力和挫折,教师要学会用积极、理性的态度看待问题,而不是陷入消极的思维模式。例如,可以尝试换位思考,站在他人的角度理解事情;或者将挫折看作成长的机会,思考如何从中吸取教训。同时,教师还要注意纠正不合理的信念和期望,如"我必须做到完美"、"我不能犯错"等,这些想法往往是焦虑和自我怀疑的根源。通过积极的自我对话和认知重构,教师能够建立起更加健康、理性的信念体系,从容应对各种情绪挑战。

(三)自我认知与职业发展的关系

自我认知是高校教师职业发展的关键所在,深刻而全面地了解自我,能够帮助教师准确定位职业角色,明晰发展目标,进而优化教学实践,提升专业能力。自我认知首先要求教师深入探究自身的知识结构、能力素质和价值追求。作为知识的传播者和引导者,教师必须具备扎实的学科专业知识和广博的文化素养。同时,教师还需要掌握先进的教学方法和技能,善于运用信息技术手段优化教与学的过程。除了"教"的能力,引导学生"学"的能力也是现代教师必备的素质。此外,教师的人格魅力和道德情操也是教书育人不可或缺的内在动力。只有不断加强自我认知,教师才能够准确把握自身的优势所在和不足之处,有针对性地制定职业发展规划。

在对自我有了全面而深入的认识之后,教师要进一步思考:我的专业特长是什么？我的职业理想是什么？我该如何实现自己的职业抱负？通过自我提问和反思，教师能够将个人发展与学校、学科发展相结合，找准自身角色定位，确立符合实际的发展目标。比如，有的教师擅长教学设计和课堂组织，可以致力于教学方法和模式的创新；有的教师专长科研，可以努力提升学术造诣，推动学科发展；有的教师善于管理和协调，可以在教学管理岗位上发挥特长。无论个人目标如何设定，关键是要与自我认知相匹配，与学校发展相契合。只有立足学校发展需求和学科前沿动向，教师的职业目标才具有现实意义。

厘清目标后，教师还需要通过不断优化教学实践，在工作中加深认知，提高能力。教学反思是深化自我认知的重要途径。教师要经常回顾和评价自己的教学表现，总结教学得失，分析学生的学习反馈。通过剖析教学过程中的困惑和问题，教师能够不断调整教学策略，改进教学方法，从而实现教学相长。此外，积极参加教学研讨和学术交流活动，与同行切磋教学心得，了解学界前沿动态，也是深化自我认知的有效方式。只有将认知内化于教学实践，并在实践中不断修正和深化认知，教师才能更好地把握学科专业知识的发展脉络和学生学习需求的新变化。在教与学的过程中，教师会遇到各种各样的问题和挑战，也会收获许多宝贵的经验和感悟。对这些经验教训的系统反思，能够极大丰富教师的理论认识，增强其专业判断和决策的能力。

二、高校教师工作环境优化

（一）工作环境对心理健康的影响

工作环境对高校教师的心理健康有着举足轻重的影响，一个积极向上、和谐友善的工作氛围能够有效缓解教师的压力，提升其工作满意度和幸福感。相反,如果工作环境充满竞争和压力,缺乏必要的支持和理解,教师就容易产生焦虑、抑郁等负面情绪,甚至出现心理健康问题。

从物理环境来看,教师工作场所的布置和设施配备直接关系到其身心舒适度。宽敞明亮的办公空间、符合人体工程学的桌椅、完善的教学设备,都能够减轻教师的生理负担,营造良好的工作体验。若教师长期在拥挤、昏暗、设施落后的环境中工作,其身心健康必然会受到影响。

从人际环境来看,教师与同事、领导之间的关系质量对其心理健康具有重要影响。一个团结协作、互帮互助的教师团队能够给予成员归属感和安全感,成为教师应对压力的重要支持系统。反之,倘若师生之间矛盾不断,同事之间勾心斗角,领导管理方式粗暴专制,教师就很难感受到工作的意义和价值,心理压力也会随之增大。

从文化环境来看,学校的办学理念、价值追求、评价机制等都会潜移默化地影响教师的心理状态。一所注重人文关怀、尊重教师主体性、鼓励教学创新的高校,能够激发教师的工作热情和使命感,让其在教书育人的过程中收获成就感和自我价值的肯定。相比之下,如果学校过于功利化,片面追求升学率和科研指标,忽视教师的发展需求,教师就容易产生职业倦怠和价值迷失感,心理健康状况也会每况愈下。

(二)工作环境优化的策略

工作环境优化是提升高校教师心理健康水平的关键策略。良好的工作环境不仅能够减轻教师的压力,激发教学热情,更能为其专业发展和自我实现提供广阔空间。从物理环境来看,舒适、安全、便利的办公条件是教师高效工作的基础保障。合理的空间布局、充足的采光通风、完善的教学设施,都能够营造出积极向上的工作氛围,使教师全身心地投入教学与科研。同时,学校还应关注人性化设计,如设置休息区、健身房等,为教师提供缓解压力、恢复体能的场所。这些措施看似细枝末节,却能从细微处体现对教师身心健康的关怀。

从人文环境来看,和谐、包容、民主的校园文化是教师心理健康的重要支撑。学校应该营造互信互助的同事关系,鼓励教师之间的交流合作,分享经验智慧。领导干部更应该以开放包容的心态对待不同观点,尊重教师的专业自主权,给予其充分的学术自由。在决策过程中,学校应该广泛听取教师意见,让他们参与到学校管理和发展中来,增强教师的主人翁意识和归属感。这种民主、平等的沟通方式,能够拉近师生、同事和师生之间的心理距离,营造团结向上的工作氛围。

从制度环境来看,科学、合理、人性化的管理制度是优化工作环境的重要保障。学校应该建立健全教师发展支持体系,完善职称评聘、绩效考核等制度,为教师成长搭建广阔平台。在制定政策时,学校要充分考虑教师的现实需求,体现以人为本的理念。例如,针对青年教师成长和发展的特殊需要,可以在工作安排、培养锻炼等方面给予更多倾斜;而对于承担家庭责任的中年教师,则应该在考核要求、福利保障等方面予以适当照顾。总之,制度的贴心设计能让教师感受到组织的理解与支持,从而更好地平衡工作与生活、实现自我价值。

三、高校教师工作与生活的平衡

(一)工作与生活平衡的意义

在当今快节奏、高压力的社会环境中,教师肩负着教学、科研、服务等多重职责,工作强度大、任务繁重,很容易陷入工作与生活失衡的困境。长期处于这种状态不仅会影响教师的工作效率和教学质量,更可能诱发焦虑、抑郁等心理健康问题,危及教师的身心健康。因此,高校教师必须树立平衡工作与生活的意识,采取有效措施,在繁重的工作之余,合理安排生活,调节身心,实现工作与生活的和谐统一。

1. 平衡工作与生活有助于缓解教师的工作压力和心理负担

教师工作的特殊性决定了其压力源的多样性和持续性。备课、上课、批改作业、指导学生等教学工作本身就要求教师付出大量时间和精力;而评职称、搞科研、写论文等发展性任务更是给教师带来了沉重的心理负担。如果教师长期处于高强度工作状态,没有足够的时间休息调整,就容易产生职业倦怠感,工作热情和动力下降。而通过合理平衡工作与生活,教师可以在工作之余得到充分的放松,调节身心状态,缓解压力,从而以更加饱满的热情投入工作,提高工作效率和教学质量。

2. 工作与生活的平衡有利于教师全面发展和自我实现

教师不仅仅是知识的传播者,更应该是学生成长的引路人。这就要求教师具备广博的知识、高尚的情操、积极向上的人生态度。但是,如果教师整日忙于工作,疏于对自身的修养和提升,其言传身教的效果必然大打折扣。只有在工作与生活之间取得平衡,教师才能腾出时间和精力丰富自己的知识储备,陶冶自己的情操,完善自己的人格,从而以更加鲜明、丰满的个性感染和启发学生,引导学生健康成长。同时,生活中的点点滴滴也能为教师提供丰富的教学素材,教师将工作与生活经验结合,能使教学更加生动、贴近实际,引起学生的共鸣。

3. 工作与生活的平衡有助于构建和谐的师生关系和同事关系

当教师拥有平衡、充实的生活时,往往能以更加开放、包容的心态对待学生和同事。一个有生活情趣、懂得生活艺术的教师更容易赢得学生的信赖和欢迎。在与学生和同事的交流中,教师可以分享生活感悟,畅谈生活趣事,拉近彼此距离,营造轻松愉悦的氛围。这种融洽的师生关系、同事关系本身就是一种宝贵的教育资源,有利于营造良好的育人环境。同时,生活中的放松交流也有助于教师舒缓工作压力,获得更多支持和理解。

(二)实现工作与生活平衡的方法

1.树立正确的时间管理理念

很多教师习惯于将大量时间投入到工作中,却忽视了生活的重要性。殊不知,适度的休息和放松是提高工作效率的前提条件。只有拥有健康的身体和愉悦的心情,才能以饱满的精神状态投入工作。因此,教师要学会合理安排时间,在完成工作任务的同时,也要为自己的兴趣爱好、家庭生活、社交活动等留出时间。通过制定科学的作息计划,明确轻重缓急,才能在有限的时间内实现工作与生活的平衡。

2.学会劳逸结合,避免长时间高强度工作

教师工作的特殊性决定了其很难避免加班加点,但过度疲劳不仅会损害身心健康,还会带来判断力下降、注意力不集中等问题,最终影响工作质量。因此,教师要注意劳逸结合,适时给自己"充电"。例如,可以利用课余时间进行适度的体育锻炼,放松身心;或者与家人、朋友交流,缓解工作压力;再或者培养一些业余爱好,丰富精神生活。总之,要避免连续工作过久,给身心以喘息之机。

3.学会在工作中寻找乐趣,化压力为动力

很多教师将工作视为负担,久而久之就会产生职业倦怠感。事实上,每一项工作都蕴含着独特的意义和价值。教师要学会从工作中发现乐趣,体会教书育人的快乐。当看到学生在自己的引导下茁壮成长,当收到

学生真挚的感谢与肯定,内心的满足感和成就感会让所有的付出都变得值得。用积极乐观的心态对待工作,将压力转化为前进的动力,工作与生活自然会达到和谐统一。

4.注重家庭关系的维系

家庭是每个人身心的港湾,良好的家庭关系能为教师的工作和生活提供强大支撑。然而,繁重的工作常常令教师疏于家庭生活,与家人产生隔阂和矛盾。为此,教师要注意平衡工作与家庭,多抽时间陪伴家人,参与家庭活动,履行家庭责任。在家人的关爱和支持下,教师能以更加饱满的热情投入工作,收获双重意义上的幸福感。

四、高校教师健康生活方式的培养

(一)健康生活方式的培养方法

健康的生活方式是身心健康的基石,对于高校教师这一高压力、高强度工作群体而言尤为重要。培养健康的生活方式需要从饮食、运动、睡眠、情绪管理等多个维度入手,形成科学、合理、可持续的健康生活模式。

1.饮食

高校教师应注重饮食的均衡性和多样性,合理搭配谷物、蔬菜、水果、肉类、奶制品等各类食物,减少高糖、高脂肪食物的摄入。同时,要养成定时定量进食的好习惯,避免暴饮暴食或不吃早餐等不良习惯。此外,适当补充维生素和矿物质等微量元素,有助于增强体质,提高免疫力。

2.规律的体育锻炼

高校教师应根据自身条件和兴趣爱好,选择适合自己的运动项目,如慢跑、游泳、瑜伽、太极拳等,坚持每周锻炼 3－5 次,每次 30 分钟以上。适度的体育锻炼不仅能增强体质,还能放松心情,缓解工作压力,使身心得到全面的放松和愉悦。

3.充足的睡眠

高校教师要合理安排作息时间,保证每天 7－8 小时的睡眠时间。良好的睡眠习惯包括在固定时间上床和起床、营造安静舒适的睡眠环境、避免在睡前从事刺激性活动等。此外,午休小憩也是缓解疲劳、恢复精力的有效方式。

4.情绪管理

高校教师应学会调节自己的情绪,保持乐观积极的心态。可以通过倾诉、写日记、冥想等方式宣泄负面情绪,也可以通过音乐、绘画、园艺等爱好培养积极情绪。同时,要学会换位思考,用平和的心态看待问题,减少对他人、对事物的消极评判。

(二)健康生活方式对心理健康的影响

健康的生活方式对于维护个人身心健康、促进职业发展具有重要意义。高校教师作为知识的传播者和人才的培养者,更需要注重健康生活方式的培养,以良好的身心状态投入到教学科研工作中。健康的生活方式不仅能够提升教师的工作效率和教学质量,更能够帮助其塑造积极向上的人格魅力,成为学生心目中的榜样。

从生理健康的角度来看,健康的生活方式能够增强教师的体质,提高其抵御疾病的能力。教师工作压力大、节奏快,如果长期忽视身体健康,很容易出现亚健康甚至疾病的状况。而规律的作息、合理的饮食、适度的运动等健康生活方式,能够有效改善教师的身体机能,使其保持旺盛的精力和充沛的体力。同时,良好的生理状态也是教师保持积极心态、展现个人魅力的基础。只有拥有健康的体魄,教师才能以饱满的热情投入工作,激发学生的学习兴趣。

从心理健康的角度来看,健康的生活方式有助于缓解教师的工作压力,提升其幸福感和满足感。教师工作的特殊性决定了其面临着多重角色的压力,如教学、科研、管理等。如果不能及时调节心理状态,容易产生焦虑、抑郁等负面情绪。而通过培养健康的兴趣爱好、参与有意义的社会活动、与他人保持良性互动等方式,教师能够在工作之余获得身心的放松和愉悦,缓解心理压力。积极乐观的心态不仅能够感染学生,还能够帮助教师更加理性、宽容地看待问题,提高其解决问题的能力。

从社会交往的角度来看,健康的生活方式能够拓展教师的人际关系,丰富其精神生活。教师工作相对封闭,长期埋头于教学科研,难免会产生职业倦怠感。而通过参与有益的社交活动,如与同事交流、参加社团组织等,教师能够走出封闭的圈子,结识志同道合的朋友。这不仅能够激发教师的工作热情,也能够开阔其视野,为其提供更多的发展机会。良好的人际关系网络是教师不断充实自我、完善自我的重要途径。

从职业发展的角度来看,健康的生活方式是教师实现可持续发展的必然要求。随着教育教学改革的不断深化,教师面临着知识更新快、能力要求高的挑战。如果不能保持良好的身心状态,教师就难以适应新的发展形势,更谈不上创新和突破。而健康的生活方式能够为教师提供持续学习、持续进步的动力和空间。通过合理安排时间,教师可以利用业余时间充实专业知识,提升教学科研能力。同时,良好的生活习惯也能够帮助教师树立终身学习的意识,跟上时代发展的步伐。

第五章 高校教师职业成长心理支持体系的建设

第一节 高校教师职业成长心理支持体系的构成要素

一、高校教师职业成长心理支持资源

(一)物质资源

建设高校教师职业成长心理支持体系,物质资源是不可或缺的基础性保障。从广义上讲,物质资源包括了各种有形的、可感知的物质实体,如资金、场地、设施、设备等。这些资源为心理支持活动的开展提供了必要的物质条件,是确保支持工作有效进行的前提。没有充足的物质资源作为支撑,再好的理念和方案也难以付诸实施。

1.充足的专项资金

建设高校教师职业成长心理支持体系,需要投入充足的专项资金。这些资金主要用于支持团队建设、项目研发、活动组织、宣传推广等方面。通过设立专门的预算,可以保证各项工作的正常运转,提高支持服务的针对性和有效性。同时,稳定持续的资金投入也彰显了学校对教师职业成长的重视程度,有助于营造良好的支持氛围。

2.合理的物理空间布局

教师职业成长心理支持需要配备功能完善、布局合理的场地设施,如心理咨询室、团体辅导室、测评室、活动室等。这些空间应布局科学,环境舒适,配备必要的设施设备,以满足不同支持活动的需求。良好的物理环境不仅能够为教师提供隐私保护,营造安全感,更能起到心理暗示作用,让教师感受到学校的关怀和重视。

3.先进的技术设备

计算机、心理测评软件、多媒体设备、沙盘等现代化技术设备的引入,能够有效扩展支持工作的广度和深度。通过采用计算机辅助评估和干预技术,可以增强心理测评的准确性和适用性;借助多媒体手段,能够创新团体辅导的形式和内容;利用沙盘等媒介,则可以为教师提供更加生动、直观的情感表达渠道。技术设备的合理应用,能够极大提升心理支持工作的科学化、专业化水平。

4.完善的支持性资源体系

支持性资源包括各类图书资料、案例库、音像制品等。通过建立专业的资源库,可以为教师自助学习、自我探索提供丰富的素材,也为支持工作的开展奠定坚实的知识基础。资源体系应立足教师职业成长需求,兼顾专业性与趣味性,并及时更新完善,以满足教师不断成长的需要。

(二)人力资源

高校教师职业成长心理支持体系中的人力资源是指能够为教师提供心理健康服务和职业发展指导的专业人员,这些专业人员通常包括心理咨询师、职业规划师、人力资源管理人员等。他们凭借扎实的理论基础和丰富的实践经验,为教师的职业成长提供切实有效的支持和帮助。

1. 心理咨询师

心理咨询师是高校教师职业成长心理支持体系中不可或缺的专业力量,他们通过个体咨询、团体辅导等方式,帮助教师识别和应对职业发展过程中遇到的心理困惑和情绪问题,如职业倦怠、角色冲突、人际关系紧张等。通过心理咨询,教师能够更好地了解自己的内在需求,调整心理状态,增强应对挑战的能力。同时,心理咨询师还可以为教师提供压力管理、情绪调节等方面的培训,提升其心理健康水平和职业幸福感。

2. 职业规划师

职业规划师则致力于帮助教师规划职业发展路径,实现职业理想和人生价值,他们通过职业生涯访谈、职业能力测评等方式,帮助教师认清自己的兴趣特长、价值取向和发展潜力,并据此制定切实可行的职业发展规划。在此过程中,职业规划师还会向教师介绍高校教师职业的特点、发展趋势和晋升路径,帮助其把握职业机遇,应对职业挑战。对于面临职业转型或职业困境的教师,职业规划师则可以提供专业的咨询和指导,帮助其重新定位,开拓新的职业空间。

3. 人力资源管理人员

人力资源管理人员在高校教师职业成长心理支持体系中也发挥着关键作用,他们通过优化教师绩效考核和职称晋升制度,营造公平、公正、透明的职业发展环境,激发教师的工作积极性和创新动力。同时,人力资源管理人员还会关注教师的心理健康状况和职业发展需求,及时发现和解决问题,预防职业危机的发生。在教师职业生涯的关键节点,如新教师入职、中青年教师发展瓶颈期等,人力资源管理人员还会提供针对性的心理支持和职业指导,帮助教师顺利渡过职业转折,实现可持续发展。

二、高校教师职业成长心理支持团队

(一)团队组成

高校教师职业成长心理支持团队的组成是支持体系建设的基础和前提。组建一支结构合理、专业素质过硬、服务意识强的心理支持团队,对于为教师提供及时、有效的心理帮助,促进其职业发展和全面成长具有重要意义。

1.专业结构

从专业结构来看,高校教师职业成长心理支持团队应该由心理学、教育学、管理学等不同学科背景的专业人员组成。其中,心理学专业人员是团队的核心力量,他们熟悉心理咨询、心理治疗等专业知识和技术,能够为教师提供规范、科学的心理健康服务。教育学专业人员则可以从教师专业发展的角度,帮助教师分析职业生涯规划、解决教学中遇到的问题,提升职业幸福感。管理学专业人员则致力于完善心理支持工作的制度建设,为团队建设和运行提供组织保障。多学科专业人员的协同合作,能够实现优势互补,为教师提供全方位、多层次的心理支持服务。

2.知识结构

从知识结构来看,心理支持团队成员应具备扎实的理论基础和实践经验。一方面,团队成员需要掌握心理学、教育学、管理学等学科的基本理论和前沿动态,深入了解教师职业发展的一般规律和特殊性。同时,还要熟悉高校教师的职业特点、角色压力、常见心理问题等,做到对症施策、因材施教。另一方面,团队成员还应积极参与心理咨询、危机干预、个案管理等实务工作,在服务实践中积累经验、提升专业素养。只有理论知识和实践经验双管齐下,才能保证心理支持工作的专业性和有效性。

3.能力素质

从能力素质来看,心理支持团队成员还应具备优秀的职业道德和服务意识。团队成员需要遵循心理咨询伦理规范,恪守保密原则,尊重教师主体地位,平等对待每一位来访者。同时,团队成员还应秉持"以人为本、助人自助"的服务理念,真诚关注教师的成长需求,耐心倾听他们的心声,用专业所学帮助他们走出困境、实现自我突破。优秀的职业道德和服务意识是开展心理支持工作的基本要求,也是团队公信力和凝聚力的重要来源。

(二)团队职责

高校教师职业成长心理支持团队作为促进教师专业发展、提升教学科研质量的重要力量,在教师职业生涯的各个阶段发挥着不可或缺的作用。一支高素质、专业化的心理支持团队,是构建完善的教师职业成长支持体系的关键。心理支持团队的职责是多方面的,涵盖了教师职业发展的诸多领域。

从宏观层面来看,心理支持团队需要深入研究教师职业成长规律,把握教师群体的心理特点和需求,为学校制定教师发展规划、完善职业生涯管理制度提供决策参考。这就要求团队成员具有扎实的心理学理论基础和教育管理学知识,能够运用科学的研究方法开展调查分析,形成专业化的咨询建议。同时,团队还应积极参与教师职业发展政策的制定和实施,推动相关制度的不断优化,为教师成长创造良好的制度环境。

在教师职业生涯的起始阶段,心理支持团队要做好新教师的心理适应辅导工作。初入职场的青年教师往往面临角色转换、环境适应、人际关系等多重压力,容易产生职业焦虑和迷茫。针对这一情况,团队应制定周密的新教师心理适应计划,通过入职培训、师徒结对、团体辅导等多种形式,帮助新教师尽快适应教学工作,建立职业自信。团队成员要充分发挥自身的专业特长,以谈心谈话、心理测评、行为训练等方式,疏导新教师的心理问题,增强其教学效能感和自我效能感。

对于职业生涯的中期教师,心理支持团队要重点关注其专业能力提升和情绪管理。教学科研任务繁重、晋升压力较大是这一阶段教师的普遍状况。团队要适时开展心理健康教育和压力管理训练,帮助教师掌握自我情绪管理的策略,缓解工作压力带来的焦虑和抑郁情绪。在引导教师提升专业能力方面,团队可以联合教学名师、学科带头人开展教学沙龙、研讨会、教学竞赛等活动,为教师搭建专业交流和展示的平台。通过同行分享与点评,教师的教学反思能力和科研创新意识都能得到有效提升。

对于职业生涯后期的教师,心理支持团队要注重激发其工作热情,帮助其实现自我价值。资深教师凭借其渊博的学识和丰富的教学经验,已然成为学校教学科研工作的中坚力量。但长期的工作重压也可能导致倦怠情绪,工作动力和使命感有所减弱。针对这种状况,团队要创新激励方式,在肯定资深教师既有贡献的基础上,引导其将更多精力投入教学改革、学术指导、青年教师培养等工作,实现"传帮带"式的经验传承。团队还要关注退休教师的身心健康,通过组织座谈会、退休欢送会、节日慰问等人文关怀活动,让他们切实感受到学校的尊重和呵护,安享幸福的晚年生活。

(三)团队协作

1.明确团队成员的角色定位和职责分工

心理学专业教师、教育学专业教师、管理学专业教师等不同背景的成员,应根据各自专长承担相应的工作任务,如心理咨询、职业生涯规划指导、人际关系协调等。同时,还要建立科学的工作流程和沟通反馈机制,定期召开工作会议,及时分享信息,研讨问题,形成工作合力。

2.营造民主平等、互信互助的团队氛围

心理支持工作涉及教师的个人隐私和敏感话题,对团队成员的职业素养和伦理要求很高。团队负责人应以身作则,尊重每一位成员的意见和建议,鼓励成员平等交流、坦诚沟通。成员之间要相互信任,彼此欣赏,学会换位思考,在紧密配合中建立起默契。

3.注重团队成员能力的培养和提升

心理支持工作具有很强的专业性和实践性,需要团队成员不断更新知识,提高专业水平。可以通过专题培训、案例分享、经验交流等多种形式,帮助成员掌握心理学、教育学、管理学等相关领域的前沿理论和实务技能,拓展其专业视野。鼓励成员参加学术会议,开展科研项目,以研促练,在实践中砥砺成长。

4.加强团队成员与外部资源的协作

心理支持工作是一项系统工程,仅靠团队内部力量是远远不够的。要主动联络校外专业机构如心理咨询中心,建立长期稳定的合作关系,定期邀请专家来校指导工作,为团队"把脉问诊"。积极争取学校行政部门的支持,将心理支持工作纳入学校整体发展规划,调动各方资源形成工作合力。

(四)团队培训

作为心理支持服务的直接提供者,团队成员的专业素质和服务能力直接影响着支持工作的质量。因此,有必要通过系统化、专业化的培训,全面提升团队成员的理论水平和实践技能,使其成为合格的心理支持工作者。

团队培训的内容应涵盖职业心理学、发展心理学、教育心理学等相关学科的基本理论和前沿动态。通过系统学习,团队成员能够掌握职业发展规律,深入理解教师群体的心理特点和需求,从而为开展针对性的支持服务奠定理论基础。同时,培训还应重点强化团队成员的实务技能,如心理咨询、危机干预、团体辅导等,提高其运用专业方法解决实际问题的能力。

除了专业知识和技能,培训还应注重团队成员职业素养的塑造。作为心理工作者,要始终坚持以人为本、助人自助的理念,以真诚、同理心对待每一位教师。要不断强化职业认同,树立"让教师生命更美好"的使命感。要严格恪守职业伦理,尊重每位教师的隐私,维护咨询关系的专业界限。通过培训,引导团队成员内化这些职业操守和价值追求,成为一名有理想、有担当、有温度的心理支持工作者。

团队培训的形式应灵活多样,理论学习与案例研讨相结合,专题讲座与经验分享相结合。可以邀请业内专家开展系列讲座,引入前沿理念和实务经验;组织案例研讨会,围绕实际问题展开深度探讨;开展团队督导,帮助成员及时疏导情绪,提升应对能力。鼓励团队成员积极参与学术交流和实务培训,不断开阔视野、更新知识。

三、高校教师职业成长心理支持服务

(一)心理咨询服务

随着高等教育事业的快速发展,高校教师面临着日益复杂的教学科研任务和职业发展压力,其心理健康问题日益凸显。为了促进高校教师的职业成长,维护其身心健康,高校必须建立完善的心理咨询服务体系,为教师提供专业、及时、有效的心理支持。

高校心理咨询服务应立足教师职业成长的实际需求,开展针对性强、内容丰富的咨询活动。一方面,心理咨询要帮助教师缓解工作压力,调节情绪,增强职业幸福感。通过个体心理咨询、团体心理辅导等形式,引导教师正确认识和应对职业困扰,提升其情绪管理和自我调节能力。另一方面,心理咨询还应聚焦教师职业发展中的关键节点,如职称评定、科研申报、教学竞赛等,提供有针对性的心理辅导和支持。帮助教师树立正确的职业价值观,端正学术态度,增强职业自信心和责任感。

高校心理咨询服务要遵循职业伦理,确保咨询过程的专业性和保密性。咨询人员应具备专业的心理学知识和咨询技能,能够运用科学的方法和策略开展咨询活动。同时,咨询过程必须严格保密,尊重和保护教师的隐私权。只有在安全、信任的氛围中,教师才能放心地表达内心想法,接纳咨询建议。高校还应加强对咨询人员的管理和监督,建立健全的职业道德规范和责任追究机制,确保心理咨询工作的规范有序开展。

此外,高校心理咨询服务还应注重与其他职业发展支持资源的整合与协同。心理咨询不是孤立的,它应该与教师发展中心、教学督导团队、院系管理等部门紧密配合,形成合力,为教师提供全方位的职业发展支持。例如,心理咨询可以与教师教学能力培训相结合,帮助教师提升教学水平,缓解教学压力;也可以与科研项目指导相衔接,引导教师合理规划学术生涯,增强科研自信心。通过多部门协同,构建起完整的教师职业成长支持网络。

(二)职业辅导服务

职业辅导服务是高校教师职业成长心理支持体系中不可或缺的重要

组成部分,它以教师的职业发展需求为导向,通过提供个性化、针对性的指导和帮助,促进教师专业素质的提升和职业生涯的良性发展。深入开展职业辅导服务,不仅有利于维护教师的职业心理健康,激发其内在潜能,更能为高校教师队伍建设注入新的活力。

职业辅导服务的内容涵盖职业生涯规划、专业能力提升、教学科研指导、人际关系协调等多个方面。在职业生涯规划方面,辅导员通过与教师深入沟通,帮助其梳理职业发展脉络,明确职业目标和发展方向,制定切实可行的职业发展计划。这一过程不仅能够增强教师的职业归属感和使命感,也为其未来的职业发展奠定了坚实基础。在专业能力提升方面,辅导员根据教师的学科背景和专业特点,有针对性地提供教学技能训练、科研方法指导、学术交流机会等,帮助教师不断拓展专业视野,提高教学科研水平。这对于提升教师的专业自信心和职业竞争力具有重要意义。

职业辅导服务还十分注重教师人际关系的协调与改善,辅导员通过开展沟通技巧培训、情绪管理指导等活动,提升教师的人际交往能力,营造良好的职场人际环境。这不仅有利于缓解教师的职业压力,化解潜在的人际冲突,更能促进教师之间的相互理解和支持,激发团队协作的积极性。

为了保证职业辅导服务的针对性和有效性,高校应建立完善的教师职业发展需求调研和反馈机制。通过问卷调查、访谈等方式,深入了解教师在职业发展过程中遇到的困惑和问题,有针对性地设计和开展职业辅导活动。同时,要注重发挥教师的主体作用,鼓励其根据自身需求主动寻求职业辅导,积极参与相关活动。这样才能真正实现职业辅导服务的"供需匹配",提升服务的针对性和实效性。

在职业辅导服务的提供者选择上,高校可以采取内外结合的方式。一方面,可以从校内选拔优秀的教师担任兼职辅导员,发挥其在教学、科研等方面的专业优势,为其他教师提供针对性指导。另一方面,也可以聘请校外专业的职业发展咨询师,借助其丰富的辅导经验和专业视角,为教师职业发展提供多元化支持。无论是校内兼职辅导员还是校外专业咨询师,都应具备较高的专业素养和职业道德操守,以教师利益为出发点,提供科学、规范、高效的职业辅导服务。

(三)心理健康教育

心理健康教育是高校教师职业成长心理支持服务的重要组成部分,对于促进教师心理健康发展、提升教学工作质量具有重要意义。随着高等教育事业的快速发展,教师所面临的压力和挑战日益增多,心理健康问题日益凸显。开展有针对性、有实效性的心理健康教育,已经成为高校人力资源管理和教师发展的迫切需求。

从内容层面来看,高校教师心理健康教育应该涵盖个体心理、人际关系、职业发展等多个维度。在个体心理方面,教育内容应聚焦于情绪管理、压力应对、自我认知等方面,帮助教师掌握自我心理调适的方法,提升心理韧性和幸福感。在人际关系方面,教育内容应关注师生关系、同事关系、家庭关系等,引导教师学会换位思考,增强沟通协调能力,营造和谐融洽的工作生活氛围。在职业发展方面,教育内容应针对教师的职业生涯规划、专业能力提升、角色转换等,帮助其树立积极的职业价值观,应对职业生涯各阶段的心理挑战。

从形式层面来看,高校教师心理健康教育应采取多样化、互动性强的方式。理论讲座虽然是传授心理健康知识的重要渠道,但如果过于枯燥乏味、缺乏互动,往往难以调动教师的学习积极性。因此,教育者应创新教育形式,灵活运用案例分析、情景模拟、小组讨论、体验式活动等方法,提高教育的趣味性和参与度。同时,教育形式还应充分利用信息技术手段,开发网络课程、心理健康 App 等,为教师提供随时随地、按需学习的机会。只有不断创新教育内容和形式,才能使心理健康教育真正走进教师的工作和生活,发挥应有的作用。

从实施层面来看,高校教师心理健康教育需要学校、教师、专业人员等多方通力合作。学校应将教师心理健康教育纳入整体发展规划,完善相关制度,为开展教育活动提供必要的人力、物力和财力支持。教师作为教育对象,更应主动参与到教育过程中,学会自我觉察和反思,养成良好的心理健康习惯。专业心理健康教育工作者则应深入一线,了解教师的实际需求,有针对性地设计和实施教育方案。只有多方密切配合、协同推进,心理健康教育才不会流于形式,而是能够切实增强教师应对压力的能力,提升职业幸福感。

四、高校教师职业成长心理支持网络

(一)网络平台建设

在信息技术飞速发展的时代,网络平台为教师提供了便捷、高效的学习和交流渠道,成为其职业发展的重要助力。合理构建网络平台,有利于整合优质资源,拓宽教师的视野和知识面,激发其不断进取的内在动力,从而推动其职业能力的持续提升。

高校教师职业成长心理支持网络平台应具备资源共享、交流互动、个性化服务等基本功能。首先,平台应汇聚丰富多样的学习资源,包括专业知识、教学方法、科研技能等方面的课程、讲座、文献等,为教师自主学习提供充足的素材。其次,平台应搭建交流互动的渠道,如在线论坛、聊天室、博客等,鼓励教师分享经验、探讨问题,形成良性的同伴互助和集体成长氛围。再者,平台应根据教师的个性化需求提供针对性服务,如职业生涯规划、心理健康咨询、教学技能诊断等,帮助其克服职业发展中的困惑和挫折,增强职业幸福感。

构建高校教师职业成长心理支持网络平台,需要遵循一定的原则和路径。首先,平台建设应以教师需求为导向,深入调研教师在职业发展不同阶段的心理特点和支持诉求,有针对性地设计平台功能和内容。其次,平台建设应注重专业性和权威性,引入心理学、教育学、管理学等多学科专家参与规划设计,确保平台内容的科学性和实效性。再者,平台建设应强调互动性和参与性,鼓励教师主动分享资源、积极参与讨论,提升其获得感和参与感。平台建设还应重视可持续性,建立长效机制,持续更新迭代,不断满足教师日益增长的职业发展需求。

(二)信息资源共享

海量的心理健康知识、心理咨询案例、心理测评工具等,是开展心理支持服务的重要基础。但这些宝贵的资源往往分散在不同的院校、部门和个人手中,缺乏有效整合和共享,导致资源利用率不高,服务质量参差不齐。因此,构建开放、互通的信息资源共享机制,已成为提升心理支持服务水平的关键举措。

1.建立统一的资源标准和分类体系

心理健康教育涉及心理学、教育学、管理学等多个学科领域,资源类型多样,内容庞杂。如果没有科学、规范的标准,就难以实现资源的有效组织和检索。因此,要充分借鉴图书馆学、情报学的理论和方法,制定符合心理支持服务特点的资源著录、编目、分类等标准,为后续的资源整合奠定基础。同时,要建立资源的主题词表和关键词库,方便用户快速、准确地检索所需信息。

2.搭建共享平台,实现不同系统之间的互联互通

传统的资源管理方式往往是"各自为政",不同院校、部门的资源系统

相互独立,无法实现跨库检索和一站式服务。这种割裂的局面不仅影响用户体验,更制约了资源的充分利用。因此,要运用云计算、大数据等现代信息技术,构建开放的资源管理架构,打破"信息孤岛",实现数据的无缝对接和实时交互。通过统一的检索入口、认证机制和访问接口,用户可以随时随地获取所需资源,不受时空限制。

3.完善共享机制,调动各方参与的积极性

资源共享绝非简单的"拿来主义",而是需要在制度、人员、经费等方面进行全面设计和保障。首先,要建立科学合理的资源共建共享制度,明确各参与方的权利和义务,既要保护资源提供者的合法权益,又要确保资源使用者的便捷获取。其次,要建设专业化的资源管理队伍,提高人员的技术素养和服务意识,为资源的组织、揭示、维护提供人力支撑。再次,要设立专项经费,用于资源的采购、加工、存储和版权保护,形成可持续发展的资金保障机制。

(三)在线心理咨询

在线心理咨询作为高校教师职业成长心理支持体系中不可或缺的一环,对于促进教师心理健康、提升职业幸福感具有重要意义。随着信息技术的飞速发展,在线心理咨询以其便捷性、隐私性、开放性等特点,越来越受到高校教师的欢迎和认可。通过在线平台,教师可以随时随地获得专业的心理咨询服务,倾诉内心的困惑和压力,获得情感支持和问题解决的策略,从而更好地应对职业发展中的各种挑战。

从服务内容来看,在线心理咨询涵盖了高校教师职业发展的方方面面。教学工作是教师的核心职责,但也是最容易引发心理压力的领域。在线咨询可以帮助教师分析教学困境的成因,调整教学策略,缓解教学焦虑和挫折感。科研工作对教师的创造力和抗压能力提出了更高要求,在

线咨询可以引导教师合理规划研究任务,平衡科研与教学的关系,保持积极乐观的研究态度。此外,在线咨询还可以针对教师的人际关系、情绪管理、职业规划等问题提供个性化的指导,帮助教师构建和谐的人际网络,提升自我情绪调节能力,明确职业发展方向。

从服务形式来看,在线心理咨询灵活多样,能够满足高校教师的不同需求。一对一咨询是最基本的服务形式,教师可以与心理咨询师进行面对面的交流,获得针对性的分析和建议。团体咨询则聚焦特定主题,如教学压力应对、科研情绪管理等,通过小组成员之间的分享与讨论,达到共同成长的目的。此外,在线心理健康讲座、心理测评等形式也日益丰富,为教师提供了更加全面、立体的心理健康服务。

(四)社群互动机制

在信息技术飞速发展的时代,网络社群已经成为人们交流、互动、学习和成长的重要平台。对于高校教师而言,积极参与专业社群互动,不仅能够拓宽视野、更新知识,还能获得情感支持、缓解职业压力,对其身心健康和职业发展都具有重要意义。

高校应重视网络互动平台建设,为教师搭建多元化的社群互动渠道。一方面,学校可以依托现有的网络教学平台,开设教师交流专区,鼓励教师就教学理念、教学方法、学术研究等内容展开讨论。通过彼此分享经验、交流心得,教师能够相互启发、共同提高。另一方面,学校还可以与校外机构合作,引入优质的教师发展资源,如在线培训课程、名师讲座、专家答疑等,拓宽教师的学习渠道。同时,鼓励教师自发组建学习共同体,定期开展主题沙龙、读书会等活动,营造良性互动、共同进步的氛围。

社群互动的关键在于调动教师参与的积极性,提高互动的针对性和实效性。对此,学校应根据教师的实际需求,有针对性地设置互动主题,开展形式多样的活动。例如,针对青年教师,可以开设教学技能培训、心理健康辅导等专题；针对中年教师，可以侧重职业生涯规划、科研能力提升等内容；针对资深教师，则可以开展教学经验分享、学术交流研讨等活动。通过精准匹配教师需求，社群互动才能真正发挥支持和引领作用。

第二节　高校教师职业成长心理支持体系的构建原则

一、以系统性和整体性为基础的构建原则

（一）系统性构建要素

构建高校教师职业成长心理支持体系是一项复杂而系统的工程，需要从多个维度入手，形成一个有机整合、相互促进的系统性框架。首先，支持体系应立足教师的实际需求，根据不同教师群体的特点和诉求，提供个性化、差异化的心理服务。同时，支持体系的构建还应体现整体性和协同性，注重各个环节之间的衔接与配合，形成合力，最大限度地发挥支持效果。

其次，系统性构建的另一个重要要素是专业性。教师职业成长心理支持不同于一般的心理健康服务，它需要深入理解教师职业的特殊性，洞悉教师成长的规律和困境。因此，支持体系的设计和实施应充分吸收教育心理学、职业心理学等相关学科的最新研究成果，运用科学的理论和方法，提高专业化水平。同时，支持者还应具备较高的职业素养和专业能力，以便更好地引导教师应对职业挑战，实现自我突破。

再次，系统性构建要求支持体系具有一定的灵活性和开放性。教师职业成长是一个动态演进的过程，呈现出阶段性和多样性的特点。支持

体系应根据教师成长的不同阶段和需求,及时调整服务内容和方式,既要保持稳定性和连续性,又要体现灵活性和适应性。同时,支持体系还应积极回应教育改革发展的新趋势、新要求,主动融入学校发展的大局,与教师发展的其他举措形成合力,构建起开放、互动的职业成长生态。

最后,从微观层面来看,系统性构建应重点把握三个关键环节:预防、干预和促进。一方面,支持体系要注重心理健康教育和职业压力管理,帮助教师及早识别和应对职业风险,增强心理韧性和抗逆力。另一方面,对于已经出现职业倦怠、心理危机等问题的教师,支持体系要及时提供个案辅导和危机干预,帮助其走出困境,重建信心。同时,支持体系还应致力于激发教师的内生动力,唤醒其职业理想和责任感,以积极心理学为指导,营造追求卓越、勇于创新的职业发展氛围。

(二)整体性实施路径

构建高校教师职业成长心理支持体系的整体性实施路径,需要从系统论的视角出发,统筹考虑各个环节和要素,形成一个有机联系、相互促进的整体。在这一过程中,必须坚持问题导向和需求导向,针对教师职业发展不同阶段面临的主要困扰和诉求,提供切实有效的心理支持服务。

1.构建一个多层级、多主体参与的工作格局

在学校层面,应成立由校领导牵头、相关职能部门参与的工作领导小组,统筹规划、组织实施心理支持体系建设。学院层面则需要发挥基层教学组织的作用,针对本单位教师的特点和需求,制定具体的实施方案。同时,还要充分调动教师个体的主动性和参与度,鼓励其参与到体系建设和完善中来。只有形成学校、学院、教师个人共同参与、密切配合的工作格局,才能确保心理支持体系建设的有效推进。

2.强调各项工作环节的系统规划和统筹安排

心理支持体系建设涉及教师需求调研、目标定位、资源整合、活动组织、效果评估等一系列环节，这些环节之间存在着紧密的逻辑关联，必须进行整体设计和统筹安排。例如，教师需求调研是识别问题、明确需求的基础，它为后续工作提供了重要依据。而目标定位则是在全面分析的基础上，对心理支持工作的总体方向和阶段性任务作出安排。资源整合、活动组织则是目标实现的具体路径和抓手。这些环节缺一不可，必须进行系统谋划，形成一套严密的逻辑架构，才能确保心理支持工作的精准有效。

3.加强校内外资源的整合与协同

高校教师职业成长心理支持是一项复杂的系统工程，单靠学校一己之力难以完成，必须广泛动员和整合各方资源。在校内，要充分发挥心理健康教育中心、教师发展中心等专业机构的作用，为教师提供个性化、专业化的咨询指导服务。在校外，要主动对接地方教育部门、心理咨询机构、高校联盟等，建立资源共享、优势互补的合作机制。同时，还要注重挖掘教师群体内部的资源禀赋，发挥资深教师、优秀教师的示范引领和朋辈帮扶作用。只有最大限度地整合校内外资源，形成工作合力，才能不断拓展心理支持的广度和深度。

4.注重实施效果的动态评估和持续优化

心理支持体系建设不是一蹴而就的，而是一个循序渐进、持续改进的过程。在实施过程中，要建立科学的评估机制，综合运用问卷调查、访谈座谈、个案跟踪等方式，全面了解教师的获得感和满意度，客观评价心理支持工作的成效和不足。在此基础上，要根据评估反馈，及时调整优化体系构建的思路和举措,不断提升心理支持工作的针对性和有效性。同时,还要主动回应教师在参与过程中提出的意见建议,通过解疑释惑、改进完善,营造教师主动参与、积极互动的良好氛围。

(三)系统与整体的协调

在构建高校教师职业成长心理支持体系时,系统性和整体性是两大基本原则,它们相辅相成,共同指导着支持体系的科学建设。系统性原则要求从多个要素入手,全面设计支持方案,而整体性原则则强调各要素之间的协调统一,避免支持措施的碎片化和割裂化。只有坚持系统思维,统筹兼顾,才能真正发挥心理支持体系的最大效用,助力教师的职业发展和幸福感提升。

心理支持体系的系统性体现在纵向和横向两个维度。纵向来看,支持内容应覆盖教师职业生涯的各个阶段,从职前培养到在职发展,再到退休过渡,形成全周期、无缝隙的支持链条。这就要求高校根据不同职业阶段教师的心理特点和需求,有针对性地设计培训课程、咨询服务、放松减压等项目,提供持续而动态的关怀。横向而言,心理支持应涵盖个体、人际、组织等多个层面,多管齐下,形成合力。在个体层面,要加强教师心理健康教育,提升其自我认识和调适能力;在人际层面,要营造同事间互助友爱的工作氛围,构建"亲""清"关系;在组织层面,要完善制度政策,为教师成长创造良好环境。唯有如此,才能全方位呵护教师的心理健康,激发其内生动力。

然而,系统性支持如果缺乏整体性考量,就容易出现顾此失彼、各自为政的问题,影响支持成效。比如,个别高校热衷开展形式主义的心理讲座,却忽视了教师的实际需求,导致"空对空""两张皮"。又如,一些高校重视教师的学术发展,但忽视其情感困扰,造成身心发展失衡。因此,在系统设计支持方案的同时,还要遵循整体性原则,统筹推进,让各项措施形成合力,而不是相互掣肘。

具体来说,高校要从顶层设计入手,制定系统性、整体性的支持规划,明确路线图和时间表。在此基础上,要加强各职能部门的沟通协调,建立联动机制,形成工作合力。支持方案的制定要广泛吸收教师代表的意见,增强措施的针对性和可行性。方案实施过程中,要加强监测评估,及时发现和解决问题,必要时进行动态调整,以保证支持成效。此外,还要注重正向激励,鼓励教师主动参与,形成良性互动。

二、以持续性和动态性为特征的构建原则

(一)持续性保障措施

教师的职业发展是一个长期而复杂的过程,面临着不同阶段的挑战和困扰。为了帮助教师持续成长,心理支持体系必须具有持久而稳定的品质,为教师提供连续而有针对性的服务。这就要求在体系构建中,要着眼于长远规划,建立健全的制度保障措施,确保支持工作能够持续、深入、有效地开展下去。

1.制度建设是实现持续性的关键

高校应当将教师心理支持纳入学校整体发展规划,以制度的形式明确支持工作的地位、目标、内容和要求。通过制定专门的工作条例、操作规范和管理办法,规范支持工作的运行流程,厘清相关部门和人员的职责分工,为体系运转提供制度依据。同时,要建立健全经费投入机制,将心理支持经费纳入学校年度预算,为体系建设提供稳定的物质保障。

2.专业力量是持续性的人才支撑

开展教师心理支持是一项专业性很强的工作,需要具备专业知识和

实践经验的人员来承担。高校要加强专业队伍建设,通过选拔、培养和引进等方式,组建一支高水平、高素质的心理健康教育者队伍。要为专业人员提供持续的在职培训和学习深造机会,使其及时更新专业知识,提升服务能力。建立专业人员的考核评估和激励机制,调动其工作积极性,保障支持工作的专业水准。

3.资源整合是持续性的物质基础

心理支持工作需要各类资源的支撑,如咨询场地、设备设施、测评工具、素材资源等。高校要统筹校内外资源,最大限度地为体系运行提供条件保障。校内要调配和改善必要的硬件设施,为教师提供功能完备、环境舒适的咨询场所。加强与校外机构的合作,引入优质的心理健康服务资源。积极利用现代信息技术,开发建设网络心理咨询平台,为教师提供便捷、及时的服务。

4.考核评估是持续性的质量保证

建立科学的考核评估体系,定期对支持工作成效进行测评,既是保障服务质量的需要,也是维系可持续发展的重要手段。要制定明确的考核指标和评估标准,兼顾定量与定性分析,全面客观地反映工作绩效。建立多元化的评价机制,吸纳教师、专家和管理者等的意见建议。将考核评估结果作为工作改进和决策的重要依据,不断优化完善体系建设。

5.宣传引导是持续性的助推力

加大宣传力度,营造有利于体系建设的舆论氛围,能够增强教师对心理支持工作的认同感,提高工作参与度。要创新宣传方式,综合运用课程讲座、主题活动、网络平台等渠道,普及心理健康知识,传播体系建设成果。树立典型案例,发挥示范引领作用。引导教师主动寻求心理帮助,将体系建设成果内化为自身发展的内在需求。

6.交流合作是持续性的外部动力

加强与兄弟院校、社会机构的交流合作,善于借鉴吸收先进理念和成功经验,能够为本校体系建设提供持续的智力支持和发展动力。要建立常态化的交流机制,通过互访、研讨等形式,就体系构建中的重点难点问题开展深入探讨。积极开展跨校、跨地区的协作攻关,在项目实践中相互学习,共同提升。主动融入区域、行业的心理健康服务联盟,整合多方力量助推体系建设。

(二)动态性调整机制

高校教师职业成长心理支持体系的构建需要具有动态性调整机制,以适应教师发展的不同阶段和个性化需求。教师的职业生涯是一个不断变化、不断发展的过程,他们在不同阶段面临的心理压力和挑战也各不相同。因此,心理支持体系必须具备灵活性和适应性,能够根据教师的实际情况进行动态调整,为他们提供最切合需要的帮助和指导。

1.建立健全的教师心理状况监测和评估机制

通过定期开展心理健康调查、个别访谈等方式,全面了解教师的心理状况,掌握他们在职业发展中遇到的困惑和压力。心理健康调查可采用量表、问卷等标准化工具,客观评估教师的心理健康水平;个别访谈则能更深入地探究教师内心世界,发现潜在的心理问题。在此基础上,有针对性地制定心理支持措施,既要重视普遍性的需求,又要关注教师的个体差异,做到因材施教、因需施策。

2.心理支持方式的多元化和创新性

传统的讲座培训、个体咨询固然必不可少,但还应积极开发体验式、参与式的活动形式,激发教师的内在潜能。例如,通过组织心理剧、团体辅导等,营造轻松愉悦的氛围,引导教师宣泄情绪、分享经验,在互动交流中获得启发和成长。又如,开展职业生涯规划工作坊,帮助教师厘清职业发展目标,增强职业认同感和自我效能感。这些创新形式能够调动教师的主动性,提高心理支持的针对性和实效性。

3.建立动态反馈机制

心理支持工作不能一蹴而就,而应根据教师的反馈意见和实施效果进行持续改进。定期召开教师座谈会,听取他们对心理支持工作的评价和建议;开展满意度调查,了解支持措施的落实情况和改进方向。只有虚心听取教师的心声,及时调整工作思路和方法,才能真正满足教师的需求,为其职业成长保驾护航。

三、以多元化和个性化为目标的构建原则

(一)多元化支持形式

在构建高校教师职业成长心理支持体系时,多元化支持形式是一项重要的原则。高校教师的职业生涯发展是一个动态变化的过程,不同阶段、不同领域的教师都面临着特定的心理困扰和挑战。为了有效应对这种多样性,支持体系必须提供丰富多样的服务形式,满足教师群体的差异化需求。

从服务内容来看,多元化的支持形式应该涵盖心理健康教育、职业生

涯规划、情绪管理、人际关系、压力应对等多个维度。通过开展主题讲座、工作坊、个体咨询、团体辅导等多种活动,帮助教师掌握必要的心理健康知识,提升自我认知和管理能力,缓解职业倦怠和心理压力。同时,针对教师在教学科研、职称晋升、角色转换等方面遇到的现实困惑,提供有针对性的职业生涯辅导,引导其明确发展目标,优化资源配置,激发内在动力。

从服务方式来看,多元化的支持形式需要线上线下相结合,灵活运用现代信息技术手段。一方面,依托心理健康教育网站、移动 APP 等线上平台,建立教师心理健康档案,提供自助式测评、自助式学习等服务,方便教师随时随地获取所需资源。另一方面,积极开展面对面的心理咨询、职业辅导等线下活动,营造温馨舒适的咨询环境,通过言语交流、情感抒发等方式,帮助教师疏导压力,提供针对性的改进方案。线上线下相互配合,形成立体化、全方位的支持网络。

从服务主体来看,多元化的支持形式要充分发挥学校、社会、个人等多方力量。学校应成立专门的教师发展中心,配备专业的心理咨询师和职业规划师,为教师提供系统化、规范化的支持服务。同时,积极引入社会资源,与专业心理机构、人力资源机构等建立战略合作,拓宽服务渠道,丰富服务内容。此外,加强教师群体的自助互助,成立教师成长社群,开展经验分享、同伴支持等活动,发挥群体支持的独特优势。

(二)差异化服务提供

差异化服务的提供是高校教师职业成长心理支持体系建设的重要原则之一。每位教师都是独特的个体,他们在职业发展的不同阶段面临着各异的心理困扰和成长需求。因此,心理支持体系必须立足教师的差异性,提供个性化、多元化的服务,才能真正扎根教师的职业生活,引领其专业成长。

从教师群体的异质性来看,性别、年龄、学历、职称等因素都会对其职业心理产生重要影响。例如,女性教师可能更容易受到工作—家庭平衡问题的困扰,而男性教师则可能面临更大的职业竞争压力。再如,青年教师往往处于职业生涯的探索期,需要在角色适应、能力提升等方面获得针对性指导;而中年教师则可能面临职业发展的"瓶颈期",需要在自我认识、生涯规划等方面得到专业帮助。对于这些差异性特征,心理支持体系必须予以充分考虑,设计出匹配的服务项目和内容。

从教师的学科背景来看,不同学科领域的知识特点、教学方式、科研要求等也存在明显差异,这些差异势必影响着教师的职业心理。例如,人文社科类教师的教学工作往往具有更强的互动性和灵活性,而理工类教师的教学则可能更注重逻辑性和系统性。再如,基础学科的教师在科研上可能面临更大的创新挑战,而应用学科的教师则可能承担更多的社会服务压力。心理支持体系必须深入把握不同学科教师的特点,提供契合其需求的职业辅导和咨询服务。

从教师的发展阶段来看,初任教师、中级教师、高级教师在职业心理上也呈现出阶段性特征。初任教师处于适应期,面临着角色转换、教学磨合等挑战,需要在教学技能、师生沟通等方面得到悉心指导;中级教师处于发展期,致力于教学科研能力的全面提升,需要在压力管理、自我激励等方面获得专业支持;高级教师处于成熟期,肩负着学科建设、人才培养的重任,需要在领导力、决策力等方面得到针对性帮助。心理支持体系应该紧扣教师发展的阶段性规律,提供递进式、持续性的职业成长服务。

四、以科学性和实效性为标准的构建原则

(一)科学性评估方法

科学性评估方法是构建高校教师职业成长心理支持体系的重要原则

之一。只有基于严谨、客观、系统的评估,才能准确把握教师的心理状态和需求,为其提供针对性的支持和帮助。科学性评估应覆盖教师职业生涯的各个阶段,综合运用量化与质性研究方法,多维度、动态地掌握教师心理发展状况。

在评估方法选择上,应充分考虑不同教师群体的特点和实际情况。对于新入职教师,可重点评估其角色适应、压力应对等方面;对于中年教师,则应关注其职业倦怠、情绪管理等问题;而对于资深教师,则需要评估其职业生涯规划、退休准备等内容。评估方法的选择既要体现一定的普遍性,又要兼顾教师个体的差异性。

量化研究是科学性评估的重要手段,通过标准化的心理测量工具,如心理健康量表等,可以较为精确地测评教师的心理状态,为后续干预提供依据。但量化评估也存在一定局限,难以深入了解影响教师心理的具体情境和原因。因此,有必要辅之以质性研究方法,如访谈、观察等,深入剖析教师心理问题背后的原因,提供更加丰富、立体的评估信息。

科学性评估要坚持发展的视角,注重持续性和过程性。教师的心理发展是一个动态变化的过程,单一的静态评估难以全面反映其状况。因此,评估应该贯穿于教师职业生涯的全过程,定期收集相关数据,动态分析教师心理发展轨迹。通过追踪研究等方式,可以考察心理支持措施的实施效果,为方案的优化完善提供重要参考。

建立常态化、机制化的心理评估机制,是高校推进教师职业成长心理支持体系建设的重要内容。学校应成立专门工作小组,制定科学的评估方案,为教师提供及时、便捷的评估服务。同时,要加强评估人员的专业培养,提升其评估水平和职业素养。只有不断优化评估过程,提高评估质量,才能为教师职业成长心理支持体系的完善提供坚实的基础保障。

（二）实效性衡量标准

实效性衡量标准对于高校教师职业成长心理支持体系的构建和长期运行至关重要，设置科学、合理的评估标准，不仅能够有效检验支持体系的实际成效，及时发现并解决运行中的问题，更能为体系的持续优化和创新提供重要依据。

1.实效性衡量标准应立足于教师的切身感受和满意度

高校教师作为心理支持体系的服务对象，其主观体验是判断体系成效的重要依据。通过问卷调查、访谈等方式，深入了解教师在参与支持活动后的心理状态变化、压力感受、职业认同感等，能够直观地反映出体系的实际效果。同时，教师对支持服务的满意程度也是一项关键指标。只有当教师普遍感到所接受的心理支持有助于缓解其职业困扰、促进其专业成长时，支持体系的价值才能得到彰显。

2.实效性衡量标准需要建立在客观数据的基础之上

通过收集教师参与支持活动的频率、时长等量化数据，分析其教学质量、科研产出、职称晋升等方面的变化趋势，能够更加全面、准确地评估支持体系的实际成效。例如，若数据显示，参与心理支持的教师在教学评估中的得分普遍高于未参与者，或其科研论文发表数量呈现明显上升趋势，则可以初步判断支持体系发挥了积极作用。当然，在进行数据分析时，还需要考虑其他因素的潜在影响，确保评估结果的可靠性和有效性。

3.实效性衡量标准的制定应充分吸收专业力量的意见

评估支持体系成效是一项复杂的系统工程，涉及心理学、教育学、管理学等多个学科领域。因此，有必要邀请相关领域的专家学者参与标准制定过程,提供专业意见和建议。同时,还可以借鉴其他高校或机构的成功经验,对标优秀案例,找准自身体系的优势和不足。只有不断与外部进行交流探讨、博采众长,才能逐步完善实效性衡量标准,为支持体系的发展提供更加科学的指引。

4.实效性衡量标准需要体现动态性和发展性

随着教育环境的变化和教师需求的升级,心理支持体系也应随之进行调整优化。相应地,衡量标准也要跟上时代步伐,及时修订完善。可以考虑建立定期评估机制,根据反馈情况动态调整指标体系,并积极探索新的评估方法和技术手段。此外,评估结果的运用也非常重要。要善于总结经验教训,将评估中发现的问题转化为改进的契机和动力,不断提升支持体系的科学化、精准化水平。

第三节　高校教师职业成长心理支持体系的实施策略

一、加强组织领导与顶层设计

(一)组织领导的角色

高校管理者作为教师职业发展的重要推动力量,需要以高度的责任感和使命感,积极营造有利于教师成长的制度环境和文化氛围。这就要求高校领导要树立"以人为本"的理念,将教师职业发展纳入学校整体发展战略,制定科学合理的人才培养计划,为教师搭建广阔的成长平台。

高校管理者应从政策、资金、人力等多方面入手,完善教师职业发展的支持保障机制。在政策层面,要根据教师成长的不同阶段和特点,制定针对性的培养方案和激励措施,为教师的可持续发展提供制度保证。同时,要建立健全教师发展需求调研和满意度评估机制,及时掌握教师的职业困惑和心理状况,有针对性地提供帮助和指导。

在资金投入方面,高校应设立专项经费,用于教师培训进修、学术交流、科研项目等方面的支持。通过提供必要的物质保障,营造良好的学习研究环境,激发教师的工作热情和创新动力。同时,还要注重人力资源的优化配置,选拔优秀的管理人才和学科带头人,发挥其示范引领作用,带动教师队伍整体素质的提升。

组织领导在教师职业成长心理支持体系建设中的另一重要职责,是营造民主、包容、互助的校园文化氛围。要尊重教师的主体地位,鼓励其积极参与学校管理和决策,增强教师的主人翁意识和归属感。要营造平等、友善的沟通环境,建立管理者与教师之间、教师与教师之间的良性互动机制,促进思想交流和情感联络。同时,要大力弘扬团结协作的价值理念,组织形式多样的集体活动,增进教师之间的了解和信任,提升团队凝聚力。

组织领导还应发挥资源整合的优势,积极开展校际、校企、校地合作,拓宽教师成长渠道。通过与兄弟院校建立战略合作关系,促进优质教育资源的共享共建;通过与行业企业开展产学研合作,为教师提供实践锻炼的机会;通过与地方政府建立紧密联系,争取各方面的支持和帮助。广泛的外部合作,不仅有利于拓宽教师的视野、提升其实践能力,更有助于推动学校的改革发展,实现社会资源的有效利用。

(二)顶层设计的要素

1.价值引领是顶层设计的灵魂

高校教师职业成长心理支持体系的构建,必须以社会主义核心价值观为引领,树立正确的职业价值取向。要引导教师树立"四个意识",坚定"四个自信",自觉践行"四有"好教师标准,把立德树人作为教书育人的根本任务。只有价值引领到位,心理支持体系才能正确把握方向,推动教师健康成长。

2.目标导向是顶层设计的关键

高校教师职业成长心理支持体系建设要以教师发展需求为导向,以提升教师幸福感和职业获得感为目标,帮助教师解决职业发展过程中遇到的实际困惑和心理问题。这就要求在制定总体目标和阶段目标时,充分考虑不同层次、不同类型教师的特点,设置科学合理、可操作性强的目标体系,为教师成长提供持续动力。

3.资源整合是顶层设计的基础

构建高校教师职业成长心理支持体系,需要整合学校、社会等多方资源,形成工作合力。学校要充分发挥心理健康教育与咨询中心的作用,为教师提供专业化、个性化的心理服务;要加强与地方教育部门、心理卫生机构的协同配合,建立健全转介、会诊等机制。只有各类资源有机整合、优化配置,心理支持体系才能高效运转、发挥实效。

4.机制创新是顶层设计的保障

高校教师职业成长心理支持体系涉及教师发展的方方面面,是一项复杂的系统性工程,必须建立健全相应的体制机制。要从政策、经费等方面为心理支持工作提供有力保障,建立科学规范的工作流程和质量评估体系;要探索建立教师心理档案,完善教师心理危机干预机制;要创新服务供给方式,丰富服务内容和形式。唯有体制机制不断创新完善,心理支持体系才能充满生机活力,实现可持续发展。

5.文化营造是顶层设计的底蕴

良好的心理文化氛围,是高校教师职业成长心理支持体系发挥作用的重要土壤。要大力弘扬尊师重教的优良传统,在全社会营造关心教师身心健康的浓厚氛围;要加强教师心理健康教育,普及心理健康知识,提高教师心理保健意识和能力;要积极倡导"健康第一"的理念,把教师身心健康放在优先位置,将其作为学校各项工作的出发点和落脚点。唯有厚植心理文化沃土,心理支持体系才能生根发芽、茁壮成长。

二、建立教师个人发展档案

(一)发展档案的内容

教师个人发展档案是推动高校教师职业成长的重要载体和工具,它以教师为主体,全面、客观、动态地记录教师在教学、科研、社会服务等方面的表现和成果,反映其职业生涯各阶段的发展轨迹和变化趋势。通过建立个人发展档案,教师可以系统梳理自身的职业经历,总结成功经验,发现不足之处,进而明确今后的努力方向和改进措施。

其一,一份完整、科学的教师个人发展档案应涵盖多方面的内容。首先,它应包括教师的基本信息,如学历背景、专业方向、任教年限等,这些信息有助于全面了解教师的知识结构和从教经历。其次,档案应详细记录教师在教学工作中的表现,包括授课门数、课时量、教学评价、教学奖励等。通过这些数据和资料,可以客观评估教师的教学工作量和教学效果,发现其教学特色和优势。再次,科研工作是评价教师专业水平的重要维度。因此,个人发展档案应完整收录教师的科研成果,如发表论文、主持项目、获得专利等,以反映其学术贡献和研究能力。此外,档案还应涉及教师参与社会服务的情况，如承担社会职务、开展培训讲座、提供咨询服务等，这些活动彰显了教师服务社会的意识和能力，是其综合素质的重要体现。

其二，教师个人发展档案的形式和载体可以多种多样。传统的纸质档案虽然直观、易于保存，但检索和更新较为不便。随着信息技术的发展，以数字化形式储存档案已经成为趋势。数字档案可以方便地录入、检索、更新各类信息，便于进行统计分析和趋势预测。同时，通过建立网络平台，教师可以随时登录系统查看自己的发展档案，学校和主管部门也能及时掌握教师队伍的整体状况，为人才培养和队伍建设提供决策依据。

（二）档案的应用

教师个人发展档案应用是高校教师职业成长心理支持体系实施的重要抓手。通过对档案的科学应用和管理，可以为教师的职业发展提供持续、动态、精准的指导和支持。具体而言，档案应用主要体现在以下几个方面：

首先，档案应用可以帮助教师客观认识自我，明确职业发展目标。教师通过对个人发展档案的回顾和分析，能够全面审视自己的职业历程，了解自身的优势和不足，进而结合个人特点和学校需求，制定切实可行的职业发展规划。这一过程有助于教师树立职业自信，激发职业热情，为后续发展奠定良好基础。

其次，档案应用有利于学校对教师实施分类指导。教师发展档案记录了教师在教学、科研、社会服务等方面的表现和成果，为学校全面掌握教师的职业状况提供了重要依据。学校可以根据档案内容，结合教师的职业阶段、发展需求等，有针对性地提供个性化的指导和支持，如为新入职教师配备导师，为骨干教师创造进修深造机会，为优秀教师搭建发展平台等。

再次,档案应用能够促进教师专业能力的持续提升。通过对发展档案的分析,教师能够及时发现自身在教学科研等方面存在的问题和不足,有目的、有计划地参加各类培训和学习活动,不断更新知识结构,提高业务水平。学校也可以利用档案数据,有的放矢地开展教师培训,提供精准的专业成长支持,推动教师专业能力的持续优化。

最后,档案应用能激发教师的反思意识和研究热情。在撰写和整理发展档案的过程中,教师往往能引发教学实践的反思,激发教育教学研究的灵感。一些高校还积极探索发展档案撰写与教师绩效考核相结合的途径,将反思型档案作为考核的重要内容,引导教师养成习惯性反思的习惯,提高研究型教学能力。

三、推动同伴互助与社群建设

(一)同伴互助的机制

同伴互助是高校教师职业成长心理支持体系中不可或缺的重要组成部。,它以教师之间的平等交流、相互支持为基础,通过分享经验、讨论问题、协作研究等方式,帮助教师应对职业发展中的困境和挑战,促进其专业能力和心理素质的提升。建立有效的同伴互助机制,需要高校管理者和教师群体的共同努力。

其一,高校应营造良好的组织文化氛围,鼓励教师之间的交流与合作。这需要校领导以身作则,率先垂范,推动形成开放、包容、互信的工作环境。同时,学校还应完善相关制度,为教师参与同伴互助活动提供必要的时间和空间保障,将其纳入教师绩效考核和职业发展规划。通过制度设计,引导教师将同伴互助作为促进自身成长的重要途径。

其二,高校可以搭建多样化的同伴互助平台,满足不同教师群体的需求。例如,针对新入职教师,可以开展"导师制"活动,由富有经验的资深教师担任导师,帮助新教师快速适应角色转换,掌握教学技能。针对青年骨干教师,可以组织教学沙龙、教学研讨等,围绕前沿理论、实践难题开展深度探讨,碰撞思想火花。针对面临职业瓶颈的中年教师,可以开设心理健康讲座、压力管理工作坊,帮助其疏导情绪,重拾信心。这些形式多样的活动有助于建立教师之间的联系纽带,促进跨学科、跨领域的交流互鉴。

其三,同伴互助的关键在于教师的主动参与和互动品质。教师要以开放的心态、谦逊的态度投入到同伴互助中,积极分享自己的心得体会,认真倾听他人的意见建议。在平等对话、相互启发的过程中,教师能够客观审视自我,接纳多元观点,不断反思和改进教学实践。同时,教师还应注重互助过程中的人文关怀,在分享专业经验的同时,给予同伴情感上的理解和支持,携手应对职业生涯中的风雨坎坷。唯有教师积极主动、相互信任、彼此关怀,同伴互助才能真正发挥促进教师成长的功效。

其四,除了教师自发组织的同伴互助,高校还可积极引入第三方专业力量,为教师搭建外部支持系统。学校可以与心理咨询机构合作,为教师提供个体或团体心理辅导服务;可以邀请行业专家、优秀校友开展讲座或工作坊,拓宽教师视野;可以联合兄弟院校开展教师交流访学,促进跨校同伴互助。外部资源的引入能够为教师同伴互助注入新鲜血液,提供多维度的成长支持。

(二)社群建设的策略

在教师职业发展过程中,同伴互助为教师提供了重要的情感支持和专业支持。通过与同伴分享经验、交流心得、探讨问题,教师能够获得归属感和认同感,缓解职业压力,提升职业幸福感。同时,同伴之间的专业对话和反思也有助于教师拓宽教学视野,优化教学实践,促进专业成长。

为了充分发挥同伴互助的作用,高校应着力构建多层次、多形式的教师社群。一方面,学校可以搭建教师发展共同体平台,为教师提供交流互动、资源共享的空间。教师可以通过参与教学研讨、课例分析、经验分享等活动,加强同伴之间的专业联系,促进集体智慧的生成。另一方面,学校还应鼓励教师自发组建学习共同体、兴趣小组等非正式社群。在这些社群中,教师可以根据共同的学习需求和兴趣爱好开展丰富多彩的活动,如教学沙龙、读书会、教学竞赛等。这些活动不仅能够满足教师个性化发展需求,提升其专业能力,还能增进同伴之间的情感交流,营造积极向上的职业文化氛围。

有效的社群建设需要学校的制度保障和资源支持,学校应完善教师发展政策体系,将参与社群活动纳入教师考核和职业发展的重要内容。同时,学校还应提供必要的时间、空间、经费等资源保障,为社群活动的开展提供便利条件。此外,学校还可以聘请校外专家、优秀教师担任社群导师,为社群发展提供专业指导和支持。通过制度创新和资源整合,学校能够为教师社群建设营造良好的制度环境和发展生态。

教师是社群建设和发展的主体,只有教师自觉参与、主动投入,社群才能焕发生机和活力。为此,学校在推动社群建设过程中,应充分尊重教师的意愿和诉求,鼓励教师自下而上、自主自愿地组建和参与社群。同时,学校还应注重发挥社群骨干教师的示范引领作用,通过树立典型、宣传先进事迹等方式,激发更多教师投身社群建设的内生动力。唯有调动教师参与社群建设的自觉性和主动性,社群的效能才能得到真正释放。

(三)社群活动的组织

社群活动的有效组织是推动高校教师同伴互助和社群建设的关键,它不仅能够为教师搭建交流互鉴的平台,促进教学经验的共享,更能够在潜移默化中塑造积极向上的职业文化,为教师的专业成长提供持续动力。

因此,高校应本着服务教师发展的宗旨,科学规划,创新形式,积极开展丰富多彩的教师社群活动。

社群活动的内容设计应紧密结合教师的实际需求,既要立足教学一线,聚焦专业成长,又要关注教师的身心健康,注重人文关怀。例如,组织教学沙龙、专题研讨等学术性活动,为教师提供切磋教学艺术、探讨教学难题的机会;开展读书分享、兴趣小组等人文性活动,丰富教师的精神文化生活,缓解工作压力;搭建网上教研平台、建立教师博客等,为教师提供跨时空、便捷灵活的互动交流渠道。这些活动的开展,既有利于教师掌握前沿的教育教学理念,拓展专业视野,又能增进彼此间的了解和信任,形成相互支持、共同进步的良性互动。

在组织形式上,社群活动应突出教师的主体地位,充分调动其参与的积极性和主动性。一方面,学校应为教师社群活动提供必要的政策支持和资源保障,营造宽松、平等、开放的组织氛围。另一方面,教师也要主动融入社群,积极参与活动,在集体智慧的碰撞交流中实现自我超越。同时,还应注重发挥优秀教师的示范引领作用,通过他们的言传身教,带动整个社群的专业成长。只有在学校和教师的共同努力下,社群活动才能真正焕发出勃勃生机,成为推动教师发展的不竭动力。

社群活动的组织还应与教师发展的总体目标相契合,与学校的整体规划相协调。它既不能游离于教师发展的主航道,沦为可有可无的"点缀",又不能脱离学校的现实基础,成为华而不实的"花架子"。因此,在活动开展的过程中,要始终坚持需求导向、问题导向,聚焦教师发展中的现实困境,着眼学校改革发展的阶段性任务,使社群活动真正成为破解难题、推动变革的"助推器"。

参考文献

[1]周成海.教师专业发展与职业道德[M].大连:辽宁师范大学出版社,2023.

[2]黄妙琦.新时代高校教师发展路径的理论研究[M].北京:中国纺织出版社,2023.

[3]潘奕羽.新时代高校教师发展路径的理论研究[M].哈尔滨:北方文艺出版社,2023.

[4]李世超,费昀.教师心理健康与专业成长[M].成都:西南财经大学出版社,2023.

[5]邹蕾.基于生涯发展的高校教师心理契约管理机制研究[M].杭州:浙江工商大学出版社,2022.

[6]石梅.积极心理学视阈下的教师心理适应性研究[M].北京:中国书籍出版社,2021.

[7]杨睿娟.教师职业心理健康促进研究[M].西安:陕西师范大学出版总社,2024.

[8]宋阳.高校教师培训与专业发展研究[M].济南:山东大学出版社,2022.

[9]游旭群,李瑛.教师心理健康教育[M].西安:陕西师范大学出版总社,2023.

[10]张择瑞.高校青年教师教学发展研究[M].合肥:合肥工业大学出版社,2023.

[11]朱宁波,曹茂甲.高校青年教师专业发展的动力机制及路径[M].广州:广东教育出版社,2023.

[12]程晨.多媒体环境下高校教师心理与管理创新研究[M].长春:

吉林出版集团股份有限公司,2021.

[13]曾跃林.高校教师发展实务[M].重庆:西南师范大学出版社,2022.

[14]孟婷婷.教师心理自我调适[M].上海:上海交通大学出版社,2022.

[15]薛继东.高校教学团队建设与青年教师教学能力发展研究[M].北京:中国财政经济出版社,2022.